Ausführliches Verzeichnis der

Guttentag'schen Sammlung

Deutscher Reichs- und Preußischer Gesetze,

Text-Ausgaben mit Anmerkungen — Taschenformat,

welches alle wichtigeren Gesetze in absolut zuverlässigen Gesetzestexten und in mustergiltiger Weise erläutert enthält, befindet sich hinter dem Sachregister.

Guttentag'sche Sammlung
Nr. 71. Deutscher Reichsgesetze. Nr. 71.
Text-Ausgaben mit Anmerkungen.

Reichsgesetz, betreffend

Kinderarbeit in gewerblichen Betrieben.

Vom 30. März 1903.

Nebst der Preußischen Ausführungsanweisung vom 30. November 1903 und der Bekanntmachung des Reichskanzlers vom 17. Dezember 1903.

Text-Ausgabe mit Anmerkungen und Sachregister.

Von

H. Spangenberg,
Oberverwaltungsgerichtsrat.

Zweite vermehrte Auflage.

Berlin 1904.
J. Guttentag, Verlagsbuchhandlung,
G. m. b. H.

Inhaltsverzeichnis.

Seite

Abkürzungen . . . 8

Einleitung 9

I. Zur Geschichte des Gesetzes . 9

II. Begründung . . . 16

Reichsgesetz, betreffend Kinderarbeit in gewerblichen Betrieben. Vom 30. März 1903.

I. Einleitende Bestimmungen.

§ 1. 34

§ 2. Kinder im Sinne dieses Gesetzes . . 37

§ 3. Eigene, fremde Kinder 39

II. Beschäftigung fremder Kinder.

§ 4. Verbotene Beschäftigungsarten . . . 44

§ 5. Beschäftigung im Betriebe von Werkstätten, im Handelsgewerbe und in Verkehrsgewerben 50

Seite

§ 6. Beschäftigung bei öffentlichen theatralischen Vorstellungen und anderen öffentlichen Schaustellungen . . . 56
§ 7. Beschäftigung im Betriebe von Gast- und von Schankwirtschaften . . . 60
§ 8. Beschäftigung beim Austragen von Waren und bei sonstigen Botengängen 63
§ 9. Sonntagsruhe 67
§ 10. Anzeige 71
§ 11. Arbeitskarte 73

III. Beschäftigung eigener Kinder.

§ 12. Verbotene Beschäftigungsarten . . . 78
§ 13. Beschäftigung im Betriebe von Werkstätten, im Handelsgewerbe und in Verkehrsgewerben 80
§ 14. Besondere Befugnisse des Bundesrats 83
§ 15. Beschäftigung bei öffentlichen theatralischen Vorstellungen und anderen öffentlichen Schaustellungen . . . 88
§ 16. Beschäftigung im Betriebe von Gast- und von Schankwirtschaften . . . 89
§ 17. Beschäftigung beim Austragen von Waren und bei sonstigen Botengängen 92

IV. Gemeinsame Bestimmungen.

§ 18. Werkstätten im Sinne dieses Gesetzes 95
§ 19. Abweichungen von der gesetzlichen Zeit 97
§ 20. Besondere polizeiliche Befugnisse . 98
§ 21. Aufsicht 101
§ 22. Zuständige Behörden 105

Seite

V. Strafbestimmungen §§ 23 bis 29 . . . 106

VI. Schlußbestimmungen §§ 30, 31 113

Anlage zu § 4: Werkstätten-Verzeichnis . . . 115

Anhang.

I. Bekanntmachung des Reichskanzlers vom 17. Dezember 1903, betreffend Ausnahmen von den Vorschriften des § 12, § 13 Abs. 1 des Kinderschutzgesetzes 121

II. Preußische Ausführungsanweisung vom 30. November 1903 zum Kinderschutzgesetz nebst Anlagen und Ministerialerlaß vom 30. November 1903 136

III. Auszug aus der Gewerbeordnung, enthaltend folgende Paragraphen der Gewerbeordnung: 6, 41a, 42b, 55a, 57a, 59, 60b, 62, 105a, 105b, 105g, 105h, 105i, 120c, 120e, 135, 136, 137, 138, 139, 139a, 139b, 146, 146a, 150, 151, 154 sowie Kaiserliche Verordnung vom 9. Juli 1900 159

Sachregister 177

Abkürzungen.

BGB. = Bürgerliches Gesetzbuch.
CPO. = Civilprozeßordnung.
GS. = Gesetz-Sammlung für die Königl. Preußischen Staaten.
GO. = Gewerbeordnung.
KG. = Urteil des Kammergerichts in den Jahrbüchern für Entscheidungen des Kammergerichts von Johow 2c.
Komm.Ber. = Kommissions-Bericht des Reichstags Nr. 807 der Drucksachen.
Min.Bl. = Preußisches Ministerialblatt für die innere Verwaltung.
Min.Erl. = Ministerial-Erlaß.
OVG. = Urteil des Preußischen Oberverwaltungsgerichts in der amtlichen Sammlung der Entscheidungen.
Reg.Entw. = Regierungs-Entwurf.
RGBl. = Reichs-Gesetzblatt.
RGE. i. StrS. = Urteil des Reichsgerichts in der offiziellen Sammlung solcher Entscheidungen in Strafsachen.
RGRspr. i. StrS. = Urteil des Reichsgerichts in der von Mitgliedern der Reichsanwaltschaft herausgegebenen Rechtsprechung des Reichsgerichts in Strafsachen.
Stenogr. Verh. = Stenographische Berichte über die Verhandlungen des Reichstags.
StrGB. = Strafgesetzbuch.

Einleitung.

I.

Zur Geschichte des Kinderschutzgesetzes vom 30. März 1903 (RGBl. S. 113).

Das Kinderschutzgesetz vom 30. März 1903 ist das Endergebnis einer langjährigen Entwicklung. Nur zögernd ist die Gesetzgebung seit etwa der Mitte des vorigen Jahrhunderts dazu übergegangen, den mehr und mehr auf dem Gebiete der gewerblichen Kinderarbeit hervortretenden Übelständen durch Schutzbestimmungen zugunsten der in ihrer leiblichen und geistigen Gesundheit durch Überanstrengung und Ausbeutung gefährdeten Kinder entgegenzutreten. Die Besorgnis, die Konkurrenzfähigkeit der Industrie zu beeinträchtigen und andererseits die Scheu, in die Rechte der Eltern einzugreifen und ihnen den durch die Kinder erzielten, in manchen Fällen für die Existenz der Familie nur schwer zu entbehrenden Verdienst zu entziehen, hemmten den Erlaß von einschneidenden, unter dem Druck der Erwerbsverhältnisse zumal in den Großstädten mehr und mehr notwendig werdenden Schutzbestimmungen. Die ersten, wenn auch nicht ausreichenden und in Ermangelung einer genügenden Kontrolle vielfach in der Praxis nicht zur vollen Durchführung gelangten Schritte auf dem Gebiete des Kinderschutzes bedeuten für Preußen das Regulativ vom 9. März 1839 über die Beschäftigung jugendlicher Arbeiter in Fabriken (GS. S. 156) sowie das Gesetz vom 16. Mai 1853 betr. einige Abänderungen des erwähnten Regulativs (GS. S. 225), der Min.Erl. v. 18. August 1853 (Min.Bl. S. 198) und der Min.Erl. v. 12. August 1854 betr. die Beschäftigung jugendlicher Arbeiter in Berg-, Hütten- und Pochwerken (Min.Bl. S. 185). Das Regulativ von 1839 bestimmte, daß vor zurückgelegtem neunten Lebensjahre niemand in einer Fabrik zu einer regelmäßigen Beschäftigung angenommen werden dürfe. Für junge Leute unter 16 Jahren setzte es die Höchstdauer der Beschäftigung auf täglich 10 Stunden fest und verbot die Nachtarbeit von 9 Uhr abends bis 5 Uhr morgens sowie die Arbeit an Sonn- und Festtagen. Das Gesetz von 1853 erhöhte das Schutzalter von 9 auf 12 Jahre, gestattete für Kinder bis zum vollendeten 14. Lebensjahre nur eine Beschäftigung von 6 Stunden täglich und setzte die Nachtzeit auf 8½ Uhr abends bis 5½ Uhr morgens fest.

Für das Gebiet des ganzen Norddeutschen Bundes und nach dessen Erweiterung durch den Eintritt der süddeutschen Staaten für das gesamte Reichsgebiet traf sodann die Gewerbeordnung vom 21. Juni 1869 (Bundes-Gesetzbl. S. 245) in den §§ 128 ff. Bestimmungen, die aber gegenüber dem Preußischen Gesetz vom 16. Mai 1853 einen Fortschritt nicht enthielten. Danach durften Kinder unter 12 Jahren in Fabriken zu einer regelmäßigen Beschäftigung nicht angenommen werden. Die Beschäftigung von Kindern unter 14 Jahren war nur zulässig, wenn sie täglich einen mindestens dreistündigen Schulunterricht erhielten, und durfte 6 Stunden täglich nicht übersteigen. Junge Leute im Alter von 14 bis 16 Jahren durften in Fabriken nicht über 10 Stunden täglich beschäftigt werden (§ 128). Ferner war die Beschäftigung aller dieser jugendlichen Arbeiter von 8½ Uhr abends bis 5½ Uhr morgens sowie an Sonn- und Feiertagen verboten. Mittags sowie auch vor- und nachmittags mußten ihnen Pausen zur Bewegung in der freien Luft gewährt werden (§ 129).

Auf diesem Standpunkte blieb die deutsche Kinderschutzgesetzgebung über 20 Jahre lang stehen. Wiederholte Anregungen im Reichstag in den Jahren 1885 bis 1888 blieben ohne Erfolg. Der Reichstag nahm zwar in der Session 1887/1888 einen Gesetzentwurf mit einschneidenden Schutzbestimmungen an; er wurde aber nicht Gesetz, da der Bundesrat die verfassungsmäßige Zustimmung versagte.

Einen wesentlichen Fortschritt auf dem Wege des Kinderschutzes und der Arbeiterschutzgesetzgebung überhaupt bedeutete sodann die Novelle zur Gewerbeordnung vom 1. Juni 1891 (das sogenannte Arbeiterschutzgesetz, RGBl. S. 261), welche den Tit. VII (gewerbliche Arbeiter) umgestaltete, die §§ 41a und 55a (s. unten S. 159 u. 160) einschob und den § 154 (s. unten S. 174) ergänzte. Der § 135 GO. in der Fassung der Novelle von 1891 (s. unten S. 166) verbietet nunmehr die Beschäftigung schulpflichtiger Kinder in Fabriken schlechtweg. Die Folgen dieser Bestimmung waren aber keineswegs ausschließlich günstige. Zwar ging die Zahl der in Fabriken arbeitenden Kinder, die 1890 noch 27 485 betrug, alsbald erheblich zurück und zwar im Jahre 1898 bis auf 4301. Die Kinderarbeit wurde aber zumeist nur in andere Bahnen gedrängt und zwar vornehmlich in die Hausindustrie mit ungünstigeren gesundheitlichen Verhältnissen und in den Erwerb auf der Straße unter Steigerung der sittlichen Gefahren für die hier erwerbstätigen Kinder. Die Berufszählung vom 14. Juni 1895 ergab eine Zahl von 214 954 erwerbstätigen Kindern, ließ aber von vornherein dem Zweifel Raum, ob ihr Ergebnis den tatsächlichen Verhältnissen entspreche und die wirkliche Zahl infolge unrichtiger Angaben bei der Erhebung nicht erheblich größer sei.

Unter diesen Verhältnissen setzten die Bestrebungen auf bessere Ausgestaltung des gesetzlichen Schutzes der Kinder gegen die Gefahren zu früher und zu ausgedehnter Arbeit in der Presse, in Vereinen („Verein zum Schutz der Kinder vor Ausbeutung und Mißhandlung“), auf Kongressen (Internationaler Arbeiterschutzkongreß zu Zürich 1897) und in den Verhandlungen des Reichstags von neuem ein. Insbesondere aber trat die deutsche Lehrerschaft auf Grund der im Schulunterrichte in wachsendem Maße hervortretenden gesundheitlichen und sittlichen Schäden der Kinderarbeit mit steigendem Nachdruck für den Erlaß gesetzlicher Schutzbestimmungen ein (vgl. das Buch des Lehrers Konrad Agahd zu Rixdorf „Kinderarbeit und Gesetz gegen die Ausnutzung kindlicher Arbeitskraft in Deutschland“, Jena 1902). In einem auf der deutschen Lehrerversammlung zu Breslau im Jahre 1898 gefaßten Beschlusse wird als durchaus notwendig bezeichnet:

„a) Das Verbot jeder Beeinträchtigung des regelmäßigen Schulbesuchs durch Rücksichtnahme auf erwerbsmäßige Beschäftigung der Schulkinder, insbesondere Beseitigung der Hüteschulen, sowie solcher Dispensationen vom Schulbesuch, die im Interesse der Erwerbstätigkeit geschehen;

b) Jede erwerbsmäßige Beschäftigung von Kindern unter 12 Jahren ist zu verbieten;

c) Ebenso die Arbeit älterer Kinder morgens vor Beginn der Schule, nach 6 Uhr abends und an Sonntagen;

d) Die Dauer der regelmäßigen täglichen Beschäftigung ist möglichst kurz zu bemessen. Bei der

Arbeit müssen diejenigen besonderen Rücksichten auf Gesundheit und Sittlichkeit genommen werden, die durch das jugendliche Alter geboten sind;

e) Ganz zu verbieten ist: Hausieren, Beschäftigung in Wirtshäusern, bei Schaustellungen und bei Treibjagden;

f) Die staatliche Aufsicht ist auch auf die Beschäftigung der Kinder in der Hausindustrie und in der Landwirtschaft auszudehnen."

Durch Rundschreiben vom 9. Dez. 1897 an die Bundesregierungen leitete der Reichskanzler (Reichsamt des Innern) nunmehr amtliche Erhebungen über die gewerbliche Kinderarbeit außerhalb der Fabriken und der diesen gleichstehenden Anlagen ein, deren Resultate in den Vierteljahrsheften zur Statistik des Deutschen Reichs von 1900, drittes Heft, veröffentlicht worden sind (vgl. dazu unten S. 17). Auf diesen Ermittlungen beruht der Gesetzentwurf betreffend Kinderarbeit in gewerblichen Betrieben. Er wurde nebst Begründung, wie er vom Bundesrat beschlossen worden, durch Schreiben des Reichskanzlers vom 10. April 1902 dem Reichstage zur verfassungsmäßigen Beschlußnahme vorgelegt (Drucksachen des Reichstags, Nr. 557 der Anlagen, 10. Legislaturperiode, II. Session 1900/1902). Die erste Beratung im Reichstage fand in der 172. und 173. Sitzung am 23. und 24. April 1902 unter Beteiligung zahlreicher Redner aus allen Parteien statt (Stenogr. Verh. betr. die 172. und 173. Sitzung des Reichstags S. 4997 ff., 5027 ff.). Der Reichstag verwies den Entwurf an eine Kommission (die XIX.) von 21 Mitgliedern, die sich am 21. Okt. 1902 konstituierte und nach Vornahme von zwei Lesungen — die erste Lesung in 13, die zweite in 2 Sitzungen — am 14. Jan. 1903 schriftlichen Bericht an das Plenum (Berichterstatter Abgeordneter Sittart) erstattete (Drucksachen des Reichstages, Nr. 807 der Anlagen). Die zweite Beratung des Entwurfs im Plenum fand in der 246. und 248. Sitzung am 29. und 31. Jan. 1903 (Stenogr. Verh. S. 7545 ff. und 7592 ff.) die dritte Beratung in der 290. Sitzung am 23. März 1903 (Stenogr. Verh. S. 8832 ff.) statt. Nach den Beschlüssen der dritten Lesung wurde der Gesetzentwurf am selben Tage in der Gesamtabstimmung mit großer Mehrheit angenommen.

Zugleich nahm der Reichstag auf Antrag der Kommission ebenfalls mit großer Mehrheit nachstehende Resolution an:

„Den Herrn Reichskanzler zu ersuchen, zum Zwecke von Erhebungen über den Umfang und die Art der Lohnbeschäftigung von Kindern im Haushalte (Aufwartung, Kinderpflege u. dergl.) sowie in der Landwirtschaft und deren Nebenbetrieben, ihre Gründe, ihre Vorzüge und Gefahren, insbesondere für Gesundheit und Sittlichkeit, sowie die Wege zweckmäßiger Bekämpfung dieser Gefahren mit den Landesregierungen in Verbindung zu treten und die Ergebnisse der vorgenommenen Erhebungen dem

Reichstage mitzuteilen" (Komm.Ber. S. 40, Stenogr. Verh. S. 7623). Nach erfolgter Zustimmung des Bundesrats ist das Gesetz in der vom Reichstag in der dritten Beratung ihm gegebenen Fassung als

„Gesetz, betreffend Kinderarbeit in gewerblichen Betrieben. Vom 30. März 1903"

in der zu Berlin am 2. April 1903 ausgegebenen Nr. 14 des RGBl. S. 113 veröffentlicht worden. Von dem dem Reichstag vorgelegten Regierungsentwurf weicht das Gesetz, wie in den Anmerkungen zu den einzelnen Paragraphen unten näher angegeben ist, in einer großen Anzahl von Bestimmungen wesentlich ab und zwar durchweg zu Gunsten eines ausgedehnteren Schutzes sowohl der fremden als auch der eigenen Kinder. Auch die Bestimmungen über die Aufsicht (§ 21) und die Strafbestimmungen (§§ 23—29), letztere durch Einfügung verschärfter Vorschriften bei gewohnheitsmäßiger Zuwiderhandlung, sind zu Gunsten eines besseren Schutzes umgestaltet worden.

II.

Die dem Gesetzentwurf bei seiner Übersendung an den Reichstag beigegebene

Begründung

lautet in ihrem allgemeinen Teile — die zu den einzelnen Paragraphen in der Begründung gemachten Bemerkungen sind, soweit erforderlich, unten in den Anmerkungen zu den betreffenden Paragraphen berücksichtigt worden — wie folgt:

„Im Jahre 1898 sind über die gewerbliche Kinderarbeit außerhalb der Fabriken und der diesen gleichstehenden Anlagen amtliche Erhebungen angestellt worden, bei welchen nach der Veröffentlichung in den Vierteljahrsheften zur Statistik des Deutschen Reichs von 1900 (Drittes Heft S. 97) 532 283 Kinder in noch nicht oder noch schulpflichtigem Alter ermitlelt wurden. Mehr als die Hälfte der Kinder, nämlich 306 823 (57,64 Proz.), wurde in der Industrie vorgefunden, nahezu ein Drittel, nämlich 171 739 Kinder (32,27 Proz.), sind als Austräger, Ausfahrer, Laufburschen oder Laufmädchen gezählt, während in Gast- und Schankwirtschaften 21 620 (4,06 Proz.), im Handelsgewerbe 17 623 (3,31 Proz.) und in Verkehrsgewerben 2 691 (0,51 Proz.) Kinder angetroffen sind. Die ermittelte Zahl von 532 283 Kindern bleibt hinter der Wirklichkeit noch zurück, da bei der Untersuchung nicht alle Gebiete des Reichs und nicht alle Zweige der gewerblichen Tätigkeit berücksichtigt worden sind.

Zugleich haben die angestellten Ermittlungen die bisher vielfach vertretene Anschauung bestätigt, daß auf dem Gebiete der gewerblichen Kinderarbeit zum Teil erhebliche Mißstände bestehen. Nach den Ergebnissen der Erhebung sind nämlich die Kinder nicht nur bei Arbeiten ermittelt worden, die wegen der damit verbundenen Anstrengung für Kinder ungeeignet sind, die Kinderarbeit war vielmehr auch in gesundheitsgefährlichen Betrieben vertreten. Auch die Dauer und die zeitliche Lage der Beschäftigung unterliegt insbesondere in der Hausindustrie häufig erheblichen Bedenken. So ist in Preußen für 110682 Kinder — 41 Proz. der überhaupt beschäftigten — eine mehr als dreistündige tägliche Beschäftigungsdauer festgestellt worden, und zwar wurden 55 933 Kinder (50,54 Proz.) sechsmal und 7 621 Kinder (6,89 Proz.) siebenmal in der Woche, also auch Sonntags, zu einer mehr als dreistündigen Arbeit herangezogen. Daß unter den mehr als dreistündigen auch fünf- und sechsstündige tägliche Arbeitszeiten in nicht unbeträchtlicher Zahl vertreten sind, darf ohne weiteres angenommen werden. So waren in Mecklenburg-Strelitz von den 62 (unter 213) mehr als 3 Stunden beschäftigten Kindern 16 (25,8 Proz.) fünf Stunden und 9 (14,5 Proz.) sechs Stunden täglich tätig. Daneben wird aus der thüringischen Hausindustrie von Arbeitszeiten bis zu zehnstündiger täglicher Dauer berichtet. Daß die Beschäftigung vielfach zu einer ungeeigneten Zeit stattfindet, kann schon mit Rücksicht auf die zahlreichen Kinder, die beim Austragen und bei sonstigen Botengängen morgens in aller Frühe und abends spät tätig sein müssen, nicht bezweifelt werden. Bei der Hausindustrie ist in verschiedenen Gegenden langdauernde Nachtarbeit der Kinder angetroffen worden. Endlich ist auch gegenüber einigen günstigeren Wahrnehmungen mehrfach eine Beeinträchtigung der körperlichen und geistigen Entwicklung der Kinder als Folge ihrer übermäßigen Beschäftigung festgestellt worden. Eine Unterstützung finden die Erhebungsergebnisse in den von der Kommission für Arbeiterstatistik gemachten ungünstigen Feststellungen über die Arbeitsverhältnisse in den offenen Verkaufsstellen und in den Gast- und Schankwirtschaften vor allem aber in den Jahresberichten der Gewerbe-Aufsichtsbeamten mit ihren häufigen Klagen über eine übermäßige gewerbliche Kinderbeschäftigung.

Hiernach kann nicht bezweifelt werden, daß eine dringende Veranlassung vorliegt, nunmehr der Regelung der gewerblichen Kinderarbeit außerhalb der Fabriken und der diesen gleichstehenden Anlagen näher zu treten. Auch wird sich diese Regelung angesichts der hervorgehobenen Mißstände nicht auf diejenigen Fälle beschränken können, in denen Kinder außerhalb der Familie als gewerbliche Arbeiter in Werkstätten, dem Handels- und Verkehrsgewerbe und dergleichen tätig sind. Ein Eingreifen erscheint vielmehr auch hinsichtlich solcher Betriebe geboten, in denen ausschließlich Familienangehörige beschäftigt werden, so daß insoweit von dem bisher auf dem Gebiete des Arbeiterschutzes maßgebenden Grundsatze des § 154 Abs. 4 der GO., wonach die Familie die Schranke für die Arbeiterschutzgesetzgebung bilden soll, abzusehen sein wird.

Die Bedenken, welche gegen eine Regelung der Kinderarbeit in solchen Betrieben sprechen, in denen der Arbeitgeber ausschließlich Familienangehörige beschäftigt, also in Betrieben, wie sie sich besonders zahlreich in der Hausindustrie finden, sind eingehend erwogen worden. Namentlich war man sich der Schwierigkeiten einer ausreichenden Kontrolle wohl bewußt. Allein in dieser Beziehung kam zunächst in Betracht, daß schon dadurch viel gewonnen ist, wenn überhaupt Bestimmungen bestehen, welche eine unzulässige Kinderbeschäftigung für die Folge ausschließen, da solche Vorschriften den Eltern einen Maßstab dafür geben werden, was sie ihren Kindern ohne Gefahr für deren körperliche und geistige Entwicklung zumuten dürfen; auch wird hierdurch das Bewußtsein der Eltern von ihrer ethischen Verantwortlichkeit ihren Kindern gegenüber geweckt und geschärft. Ferner bietet das Interesse der Lehrer und Geistlichen an den zu erlassenden Vorschriften immerhin eine nicht zu unterschätzende Bürgschaft für ihre Innehaltung. Wenn man sich vergegenwärtigt, in wie hohem Maße die Lehrer bereits gegenwärtig ihre Aufmerksamkeit dem vorliegenden Gebiete zuwenden, so erscheint die Annahme wohl berechtigt, daß ihr Interesse noch wachsen wird, wenn die zu erlassenden Vorschriften über die Beschäftigung der Kinder den Lehrern in den Augen der Eltern denjenigen Rückhalt geben, dessen sie bedürfen, wenn sie bei der

Beseitigung von Mißständen auf diesem Gebiet Ersprießliches erzielen wollen. Vor allem aber lassen die Ergebnisse der Erhebungen in Verbindung mit dem sonst vorliegenden Material ein Vorgehen auch auf dem Gebiete der Familienbetriebe so dringend notwendig erscheinen, daß demgegenüber die bestehenden Bedenken zurücktreten müssen.

Bei den angestellten Ermittlungen ist zwar der Umfang der Kinderarbeit in Familienbetrieben nicht ziffermäßig festgestellt worden. Es ist aber im Auge zu behalten, daß von den 306 823 in der Industrie beschäftigten Kindern 143 710 = 46,84 Proz. in der Textilindustrie, 41 801 = 13,62 Proz. in der Industrie der Holz- und Schnitzstoffe, 40 997 = 13,36 Proz. in den Bekleidungs- und Reinigungsgewerben und 27 645 = 9,01 Proz., wovon 22 668 auf die Tabakfabrikation entfallen, in der Industrie der Nahrungs- und Genußmittel tätig sind. Hiernach sind fast 83 Proz. der in der Industrie verwendeten Kinder in solchen Gewerbszweigen beschäftigt, in denen die Hausindustrie weit verbreitet ist. Ferner darf als bekannt vorausgesetzt werden und wird zudem in den Berichten der Gewerbe-Aufsichtsbeamten bestätigt, daß in der Hausindustrie gerade die Familienbetriebe, bei denen der Vater als Arbeitgeber seiner Kinder bezeichnet werden kann, stark vertreten sind. Einen ziffermäßigen Anhaltspunkt bietet in dieser Beziehung die nach Mitteilungen in der Literatur im Jahre 1897 auf

Grund amtlicher Ermittlungen festgestellte Tatsache, daß in 35 Schulorten des Kreises Sonneberg, eines der Hauptsitze der thüringischen Spielwarenindustrie, von den 3 555 außerhalb der Schulzeit gewerblich beschäftigten Kindern nur 88 nicht bei den eigenen Eltern, mithin 97½ Proz. in der eigenen Familie arbeiteten.

Hinzu kommt, daß gerade in der Hausindustrie nach dem bei der Erhebung gesammelten und dem anderweit vorliegenden Materiale die größten Mißstände bestehen. So waren beispielsweise in einem Bezirke Kinder von 3 Uhr Nachmittags bis in die Nacht hinein beschäftigt. In anderen Bezirken dauerte die Nachtarbeit mitunter bis 12 Uhr nachts, ja bis 2 und 3 Uhr morgens. Und zwar beziehen sich diese Mitteilungen auf hausindustrielle Betriebe jeder Art, insbesondere also auch auf die Betriebe, in denen ausschließlich Angehörige derselben Familie tätig sind.

Hiernach kann es keinem Zweifel unterliegen, daß von einer Regelung, welche auf die Einbeziehung der hausindustriellen Kinderarbeit und der Kinderarbeit in Familienbetrieben überhaupt verzichten wollte, nur ein verhältnismäßig geringer Teil der mit gewerblicher Arbeit beschäftigten Kinder betroffen werden würde, während der überwiegenden Mehrzahl der Kinder, die noch dazu unter den ungünstigsten Verhältnissen arbeiten, die zu erlassenden Vorschriften nicht zugute kämen.

Daß ein solches Ergebnis ernsten Bedenken unterliegen müßte, steht außer Frage. Der Grundsatz des § 154 Abs. 4 der GO. wird daher aufgegeben und auch der Familienbetrieb in den Werkstätten, sowie den sonstigen Gewerben hinsichtlich der Kinderarbeit der gewerbepolizeilichen Regelung unterworfen werden müssen. Einen Vorgang bietet in dieser Hinsicht die Gesetzgebung in England, welche für domestic workshops, d. h. für Werkstätten, in denen die beschäftigten Personen Mitglieder der in den Arbeitsräumen gleichzeitig wohnenden Familien sind, die Beschäftigung eigener Kinder nur während eines Zeitraumes von sieben Stunden an jedem Tage entweder am Vormittag oder am Nachmittage mit der Maßgabe gestattet ist, daß die Beschäftigung nicht länger als fünf Stunden ohne Pause dauern darf (Factory and Workshop Act 1901, section 111, Ziffer 1 d, f).

Unter den dargelegten Umständen reicht die bestehende Gesetzgebung zur Beseitigung der zu Tage getretenen Mißstände nicht aus. Während die Ausdehnung des § 139a auf Bauten und auf Werkstätten gemäß § 154 Abs. 4 der GO. ein Mittel zur Ausschließung der Kinder aus den gefährlichen Werkstätten an die Hand gibt und eine Regelung der Kinderarbeit in den übrigen Gewerbebetrieben bis zu einem gewissen Grade auf Grund der §§ 120a ff. a. a. O. erreicht werden könnte, läßt sich ein Eingreifen in die Arbeitsverhältnisse der hausindustriell bei ihren Eltern tätigen Kinder nur durch eine Abänderung der Gesetzgebung ermöglichen. Hiernach empfahl es sich, schon im Interesse der Einfachheit der zu erlassenden Vorschriften von den Befugnissen, welche die bestehenden gesetzlichen Bestimmungen hinsichtlich der Beschränkung der Kinderarbeit gewähren, im vorliegenden Falle keinen Gebrauch zu machen und den Weg der Gesetzgebung zur Regelung der Angelegenheit auch auf denjenigen Gebieten einzuschlagen, auf welchen im Verordnungswege hätte Abhilfe geschaffen werden können.

Bei der Aufstellung des vorliegenden Gesetzentwurfs, betreffend gewerbliche Kinderarbeit, sind im wesentlichen folgende grundsätzliche Gesichtspunkte maßgebend gewesen.

Zunächst ist nicht beabsichtigt, eine Änderung in den bisher schon bestehenden reichsrechtlichen Beschränkungen der Kinderarbeit eintreten zu lassen, die Bestimmungen des Entwurfs sollen vielmehr ergänzend neben die bereits bestehenden Bestimmungen treten. In dieser Beziehung kommen namentlich in Betracht die Bestimmungen über den Ausschluß von Kindern unter dreizehn Jahren und noch schulpflichtigen Kindern über dreizehn Jahre aus den Fabriken, den Werkstätten der Kleider- und Wäschekonfektion und den Werkstätten mit Motorbetrieb (§ 135 der GO., § 2 der Verordnung betreffend die Ausdehnung der §§ 135 bis 139 und des § 139 b der GO. auf die Werkstätten der Kleider- und Wäschekonfektion, vom 31. Mai 1897, RGBl. S. 459, und die Verordnung, betreffend die Inkraftsetzung der im § 154 Abs. 3 der GO. getroffenen Bestimmung, vom 9. Juli 1900, RGBl. S. 565). Ferner sind zu erwähnen die Bestimmungen über den Ausschluß von Kindern unter vierzehn Jahren aus gewissen Räumen in denjenigen Anlagen, welche Zündhölzer unter Verwendung von weißem Phosphor herstellen, im § 2 des RG., betreffend die Anfertigung und Verzollung von Zündhölzern, vom 13. Mai 1884 (RGBl. S. 49) sowie die zahlreichen vom Bundesrat auf Grund der §§ 120 e, 139 a der GO. erlassenen Bestimmungen über den Ausschluß oder über Beschränkungen der Beschäftigung von Kindern unter 14 Jahren in gesundheitsgefährlichen Betrieben oder bei gesundheitsgefährlichen oder sonst ungeeigneten Beschäftigungsarten.*) Ebenso bleiben unberührt alle für die gewerblichen Arbeiter als solche begründeten

*) Bestimmung über die Beschäftigung von Arbeiterinnen und jugendlichen Arbeitern in Gummiwarenfabriken vom 21. Juli 1888 (RGBl. S. 219), Ziffer I 2 der Bestimmungen über die Beschäftigung von Arbeiterinnen und jugendlichen Arbeitern in Walz- und Hammerwerken vom 29. April 1892/1. Februar 1895 (RGBl. S. 602 beziehungsweise 8), Ziffer I der Bestimmungen, betreffend die Beschäftigung jugendlicher Arbeiter in Hechelräumen und dergl., vom 29. April 1892 (RGBl. S. 604), § 7 der Vorschriften über die Einrichtung und

Beschränkungen des freien Arbeitsvertrags, wie sie in dem Titel VII der GO. und anderen Gesetzen enthalten sind.

Ferner soll die Regelung entsprechend den angestellten Erhebungen auf die Beschäftigung in den im Sinne der Gewerbeordnung als gewerblich anzusehenden Betrieben sich beschränken und sich danach insbesondere weder auf die häuslichen Dienstleistungen noch auf die Landwirtschaft erstrecken. Abweichend von der Gewerbeordnung setzt dagegen der Entwurf nicht das Vorhandensein eines gewerblichen Arbeitsvertrags und auf Seiten des Kindes nicht die Eigenschaft eines gewerblichen Arbeiters

---

den Betrieb der Bleifarben- und Bleizuckerfabriken vom 8. Juli 1893 (RGBl. S. 213), § 9 der Vorschriften über die Einrichtung und den Betrieb von Anlagen zur Herstellung von Alkalichromaten vom 2. Febr. 1897 (RGBl. S. 11), § 15 der Vorschriften über die Einrichtung und den Betrieb von Anlagen zur Herstellung elektrischer Akkumulatoren aus Blei oder Bleiverbindungen vom 11. Mai 1898 (RGBl. S. 176), Ziffer 1 der Bestimmungen, betreffend die Beschäftigung von Arbeiterinnen und jugendlichen Arbeitern in Ziegeleien, vom 18. Okt. 1898 (RGBl. S. 1061), § 6 der Vorschriften über die Einrichtung und den Betrieb der Roßhaarspinnereien, Haar- und Borstenzurichtereien sowie der Bürsten- und Pinselmachereien vom 28. Jan. 1899 (RGBl. S. 5), § 14 der Vorschriften über die Einrichtung und den Betrieb gewerblicher Anlagen, in denen Thomasschlacke gemahlen oder Thomasschlackenmehl gelagert wird, vom 25. April 1899 (RGBl. S. 267), § 10 der Vorschriften über die Einrichtung und den Betrieb

voraus, die Beschäftigung soll vielmehr ohne Rücksicht darauf, ob ein Arbeitsvertrag vorliegt oder nicht, den vorgesehenen Bestimmungen unterliegen.

Endlich wird vorgeschlagen, in Anlehnung an die im § 135 der Gewerbeordnung hinsichtlich der Beschäftigung von Kindern in Fabriken getroffenen Bestimmungen die Regelung auf die noch nicht oder noch schulpflichtigen Kinder zu erstrecken. Da die Dauer der Schulpflicht in den einzelnen Bundesstaaten verschieden ist, soll hier die Beschäftigung von Kindern unter dreizehn Jahren sowie solcher Kinder über dreizehn Jahre, welche noch zum Besuche der Volksschule verpflichtet sind, geregelt werden.

---

von Zinkhütten vom 6. Febr. 1900 (RGBl. S. 32), Ziffer I der Bestimmungen, betreffend die Beschäftigung von Arbeiterinnen und jugendlichen Arbeitern in Cichorienfabriken und den zur Herstellung von Cichorie dienenden Werkstätten mit Motorbetrieb, vom 31. Jan. 1902 (RGBl. S. 42), § 10 der Vorschriften über die Einrichtung und den Betrieb gewerblicher Anlagen zur Vulkanisierung von Gummiwaren vom 1. März 1902 (RGBl. S. 59), Ziffer I 1 bis 4 der Bestimmungen betreffend die Beschäftigung von Arbeiterinnen und jugendlichen Arbeitern in Glashütten, Glasschleifereien und Glasbeizereien sowie Sandbläsereien, vom 5. März 1902 (RGBl. S. 65), Ziffer I der Bestimmungen, betreffend die Beschäftigung von Arbeiterinnen und jugendlichen Arbeitern in Rohzuckerfabriken, Zuckerraffinerien und Melasseentzuckerungsanstalten, vom 5. März 1902 (RGBl. S. 72), § 10 der Bestimmungen über die Einrichtung und den Betrieb von Steinbrüchen und Steinhauereien (Steinmetzbetrieben) vom 20. März 1902 (RGBl. S. 78).

Zunächst wird hierbei davon ausgegangen, daß eine mäßige Beschäftigung von Kindern insofern ihre Berechtigung hat, als sie geeignet ist, die Kinder an körperliche und geistige Tätigkeit zu gewöhnen, den Sinn für Fleiß und Sparsamkeit zu erwecken und sie vor Müßiggang und anderen Abwegen zu bewahren. Auch im Laufe der angestellten Ermittelungen sind aus ähnlicher Auffassung heraus mehrfach Stimmen dahin laut geworden, daß in der Arbeit, sofern sie nicht wegen ihrer Art oder Dauer bedenklich ist, ein wesentliches, nicht zu unterschätzendes erziehliches Moment liege. Ebenso ist von pädagogischer Seite betont worden, daß ein gewisses Maß von körperlicher Arbeit neben dem Unterricht und den Schularbeiten nicht nur nicht schädlich, sondern in den meisten Fällen erwünscht sei. Ein behördliches Einschreiten soll dagegen überall da einzutreten haben, wo die Art der Beschäftigung für Kinder nicht geeignet ist, wo die Arbeit zu lange währt und wo sie zu unpassenden Zeiten stattfindet. Dabei ist nicht außer Betracht geblieben, daß der Verdienst der Kinder, wenn er auch nach einzelnen Mitteilungen kaum nennenswert ist, doch in manchen Fällen für eine in ärmlichen Verhältnissen lebende Familie, zumal wenn gleichzeitig mehrere Kinder gewerblich tätig sind, einen relativ nicht unbedeutenden Zuschuß zu den Kosten des Haushalts darstellt. Auf die Lage der Eltern ist daher, soweit die Interessen des

Kinderschutzes dies zuließen, billige Rücksicht genommen worden.

Ferner ist nicht außer Acht gelassen, daß bei der Regelung der Arbeitszeit der eigenen Kinder besondere Gesichtspunkte zu beobachten sind. Soweit die Beschäftigung in der Industrie und im Handelsgewerbe in Frage steht, wo die Arbeit vorwiegend in geschlossenen Räumen verrichtet zu werden pflegt, nötigen schon die Schwierigkeiten der Kontrolle dazu, die Bestimmungen möglichst einfach zu gestalten. Außerdem handelt es sich besonders bei der Beschränkung der Kinderarbeit in der Hausindustrie für einzelne Gegenden mit hausindustrieller Bevölkerung um derartig einschneidende Maßnahmen, daß sich eine schwere wirtschaftliche Schädigung gewisser Bevölkerungskreise nur dann vermeiden läßt, wenn die zu stellenden Anforderungen auf das Mindestmaß beschränkt werden. In anderen Betrieben wie in den Gast- und den Schankwirtschaften sind die Verhältnisse bei der Beschäftigung eigener Kinder in den Städten und auf dem Lande so verschieden, daß hier der örtlichen Regelung der Vorzug gegeben werden muß. Bei dem Austragen von Waren und bei sonstigen Botengängen endlich konnte ein Bedürfnis zu einer allgemeinen Regelung, soweit es sich um eigene Kinder handelt, nur insoweit anerkannt werden, als es sich um die vorwiegend regelmäßig vorkommende Beschäftigung beim Austragen von

Zeitungen, Milch und Backwaren für Dritte handelt; hier konnte auch der Umstand, daß die Beschäftigung durch die Eltern erfolgt, keinen Anlaß bieten, die Bestimmungen milder als für die Beschäftigung fremder Kinder zu gestalten, weil die bei der Regelung der Hausindustrie zu beobachtenden Rücksichten auf die Kontrolle und die wirtschaftliche Lage größerer Bevölkerungskreise nicht in Betracht kamen. Andererseits würde die Kontrolle über die Beschäftigung fremder Kinder beim Austragen außerordentlich erschwert werden, wenn die regelmäßige Beschäftigung eigener Kinder für Dritte beim Austragen von Zeitungen, Milch, Backwaren in weiterem Umfange zugelassen würde. Dagegen erscheint eine weitergehende Beschränkung in der Verwendung eigener Kinder zum Austragen und bei sonstigen Botengängen um deswillen bedenklich, weil beim Austragen 2c. für den elterlichen Betrieb im wesentlichen eine Tätigkeit im Kleingewerbe, insbesondere im Handwerk, in Frage steht. Eine übermäßige Anstrengung der Kinder ist hier schon wegen des geringen Umfanges des Geschäftsbetriebs in der Regel nicht zu besorgen, während der Erlaß einschränkender Bestimmungen die beteiligten Kreise empfindlich berühren würde. Hinzukommt, daß die auf diesem Gebiete bestehenden Mißstände im allgemeinen nur in den Großstädten zu Tage getreten und daher örtlicher Art sind, sowie daß es sich hierbei nur um einzelne Gewerbszweige handelt. Auch insoweit soll daher die örtliche Regelung ergänzend eintreten, falls sich nach Lage der örtlichen Verhältnisse eine Beschränkung erforderlich macht. Ferner mußte hinsichtlich der Bestimmungen über die Beschäftigung eigener Kinder von der Einführung von Kontrollvorschriften wegen der damit verbundenen Belästigungen abgesehen werden; auch waren die Strafen für Verfehlungen bei der Beschäftigung eigener Kinder niedriger zu bemessen als für ähnliche Verfehlungen bei der Beschäftigung fremder Kinder.

Wenn hiernach für die Beschäftigung eigener Kinder, namentlich auch soweit es sich um die Beschäftigung im Betriebe von Werkstätten handelt, wesentlich mildere Bestimmungen zugelassen werden müssen, als sie für die Beschäftigung fremder Kinder vorgesehen sind, so ist umsomehr darauf Bedacht zu nehmen, daß diese Minderung des Kinderschutzes nur in dem durch die tatsächlichen Verhältnisse bedingten Umfang Anwendung findet. Besondere Schwierigkeiten bereiten in dieser Hinsicht diejenigen Formen der Kinderbeschäftigung, bei denen, obwohl die Kinder im Hause der Eltern arbeiten, doch von einer Beschäftigung im Betriebe der Eltern um deswillen nicht die Rede sein kann, weil die Eltern den Kindern lediglich die elterliche Wohnung zu den von diesen übernommenen Arbeiten zur Verfügung stellen, oder weil die Mitwirkung der Eltern sich im wesentlichen darauf beschränkt, eine durch die Kinder im elterlichen Hause auszuführende Arbeitsleistung zu übernehmen, während die Eltern selbst einer anderen Tätigkeit nachgehen. Auf solche Fälle können die Bestimmungen über die Beschäftigung fremder Kinder in Werkstätten nicht in vollem Umfang Anwendung finden, weil bei der Regelung der Beschäftigung in der Wohnung der Eltern, wenn sie auch für Dritte erfolgt, mit den gleichen Schwierigkeiten der Kontrolle wie bei der Beschäftigung eigener Kinder gerechnet werden muß. Immerhin erscheint es geboten, in solchen Fällen von den Bestimmungen über die Beschäftigung fremder Kinder wenigstens diejenige für anwendbar zu erklären, welche sich auf die Altersgrenze beziehen; anderenfalls würde sogar diese Vorschrift bei vielen Beschäftigungsarten leicht dadurch umgangen werden können, daß der Unternehmer die Kinder im Hause der Eltern arbeiten ließe. Hieraus würde sich dann ergeben, daß die Kinder nicht nur anderweit vielfach unter ungünstigeren Verhältnissen, sondern entgegen der Absicht des Gesetzes auch in jüngerem Alter zur Arbeit für Dritte herangezogen werden würden.

Endlich konnte die strafrechtliche Verantwortlichkeit für Verfehlungen, die bei der Beschäftigung dieser für Dritte in der Wohnung der Eltern arbeitenden Kinder vorkommen, nicht jenen Dritten auferlegt werden. Vielmehr mußte sowohl in den eben erörterten Fällen wie bei der Beschäftigung eigener Kinder beim Austragen von Zeitungen, Milch und Backwaren für Dritte die Beschäftigung in strafrechtlicher Beziehung derjenigen im Betriebe der Eltern gleichgestellt und die Verpflichtung zur Beobachtung der vorgesehenen Vorschriften allein den Eltern zugewiesen werden.

Von diesen grundsätzlichen Gesichtspunkten ausgehend unterscheidet der Entwurf nach Feststellung der Begriffe der „Kinder" und der „fremden" und „eigenen" Kinder im Sinne des Entwurfs (I) zunächst zwischen der Beschäftigung fremder (II) und eigener Kinder (III). Innerhalb dieser Hauptabschnitte wird in Sonderabteilungen die Beschäftigung in Werkstätten, im Handelsgewerbe und in den Verkehrsgewerben (§§ 4, 5, 12, 13) sowie bei öffentlichen Theatervorstellungen und anderen öffentlichen Schaustellungen (§§ 6, 14) geregelt, während für die Beschäftigung in Gast- und in Schankwirtschaften in §§ 7, 15, für die Beschäftigung beim Austragen von Waren und bei sonstigen Botengängen in §§ 8, 16, über die Gewährung von Sonntagsruhe bei der Beschäftigung fremder Kinder im § 9, bei derjenigen eigener Kinder im § 13 Abs. 3, § 16 Abs. 1 Bestimmungen vorgesehen sind. Unter IV sind einige ergänzende gemeinsame Bestimmungen, unter V die Strafvorschriften, unter VI die Schlußbestimmungen enthalten."

Gesetz, betreffend

Kinderarbeit in gewerblichen Betrieben.

Vom 30. März 1903.

(Reichs-Gesetzblatt 1903 Nr. 14 S. 113.)

Wir **Wilhelm**, von Gottes Gnaden Deutscher Kaiser, König von Preußen ꝛc.

verordnen im Namen des Reichs, nach erfolgter Zustimmung des Bundesrats und des Reichstags, was folgt:

I. Einleitende Bestimmungen.

§ 1.

Auf die Beschäftigung von Kindern in Betrieben, welche als gewerbliche im Sinne der Gewerbeordnung anzusehen sind, finden neben den bestehenden reichsrechtlichen Vorschriften die folgenden Bestimmungen Anwendung, und zwar auf die Beschäftigung fremder Kinder die §§ 4 bis 11, auf die Beschäftigung eigener Kinder die §§ 12 bis 17.

1. Materialien: Entwurf S. 1, 15, Komm.Ber. S. 211, Antrag Nr. 828, Stenogr. Berh. S. 7545, 7592, 8833. Vgl. auch Begründung oben S. 24 und Einleitung S. 14.

2. Geschichte: § 1 ist in der Fassung des Reg.Entw. Gesetz geworden. Die Anträge in der Kommission und bei der zweiten Beratung im Plenum (Antrag Nr. 828),

hinter „Kindern“ einzufügen „in der Landwirtschaft und im Gesindedienst sowie“, und ferner den Schlußsatz von „und zwar“ ab zu streichen, wurden abgelehnt. In der 3. Beratung wurde § 1 ohne Diskussion angenommen.

3. Beschäftigung: Unter das Gesetz fällt nicht nur die gewerbliche Kinderarbeit, sondern jegliche Beschäftigung von Kindern in gewerblichen Betrieben, auch wenn sie nicht auf Grund eines Vertragsverhältnisses zu einem Gewerbetreibenden erfolgt und Bezahlung für sie nicht geleistet wird. Auch eine nur gelegentliche Beschäftigung fällt darunter. Vgl. Begründung oben S. 26 und Anm. 11 zu § 4.

4. von Kindern: Vgl. § 2. Ob die Kinder Inländer oder Ausländer sind, ist gleichgiltig.

5. Gewerbliche Betriebe im Sinne der Gewerbeordnung: Die GO. bestimmt den Begriff des Gewerbes nicht und zählt auch nicht die Erwerbsarten auf, die als Gewerbe ihren Bestimmungen unterworfen sein sollen. Im Sinne der GO. ist aber unter Gewerbe jede erlaubte, zum Zwecke des Erwerbes als unmittelbarer Einnahmequelle betriebene fortgesetzte Tätigkeit zu verstehen. Nicht unter die GO. und daher nicht unter das Gesetz fallen:

a) die Landwirtschaft als Urproduktion, einschließlich der Forstwirtschaft, der Viehzucht und der unmittelbar mit der eigentlichen Landwirtschaft verbundenen landwirtschaftlichen Nebengewerbe (Molkereien, Meiereien, Brennereien 2c., wenn sie sich der Regel nach auf die Verwendung selbstgewonnener Rohprodukte beschränken). Die Notwendigkeit der Einbeziehung der Landwirtschaft in das Gesetz wurde sowohl im Plenum des Reichstags als auch in der Kommission mit Schärfe vertreten. Als schädliche Arbeiten wurden insbesondere bezeichnet: Das Rübenziehen, das Kartoffelroben, die Verwendung von Kindern bei Treibjagden und zum Hüten des Viehs. Die Hütejungen und Hütemädchen, die ohne Aufsicht zumeist sich selbst überlassen seien, unterlägen den größten sittlichen Gefahren. Von der Gegenseite wurde geltend gemacht, die Verhältnisse in der Landwirtschaft seien, da die Arbeit im Freien und nur periodisch erfolge, total anders wie in der Industrie. Die Arbeit sei im allgemeinen gesund, und Mißstände bildeten die Ausnahme. Jedenfalls müßten erst Erhebungen, die bis jetzt fehlten, angestellt werden. Auch sei das Reich für die gesetzliche Regelung der Verhältnisse in der Landwirtschaft, die Landessache sei, nicht kompetent. Diesen Erwägungen trat die große Mehrheit bei. Die auf Einbeziehung der Landwirtschaft gerichteten Anträge (s. Anm. 2) wurden daher abgelehnt, dagegen die in der Einleitung S. 15 mitgeteilte Resolution angenommen;

b) die Gärtnerei, die als eine Form der auf der Bearbeitung des Bodens beruhenden Urproduktion zur Landwirtschaft gehört, soweit nicht das Verkaufen der in ihr gewonnenen Erzeugnisse in einer die hergebrachten Grenzen überschreitenden Weise, z. B. durch Halten eines offenen Verkaufsladens oder unter zuvoriger kunstmäßiger Bearbeitung der Produkte (Kranz- und Blumenbindereien) stattfindet. Wo hier die Grenze zwischen Landwirtschaft und Gewerbebetrieb im einzelnen liegt, ist streitig, und auch die Judikatur ist nicht frei von Schwankungen, neigt aber dahin, die Kunst- und Handelsgärtnereien als Gewerbebetriebe anzusehen. Jedenfalls untersteht danach das in offenen, dem Verkauf von Gärtnereiprodukten dienenden Läden beschäftigte Personal der GO. und diesem Gesetze. Vgl. auch KG. v. 8. März 1894 Bd. XV S. 322, v. 11. März 1901 Bd. XXI C S. 72 und v. 30. Mai 1901 Bd. XXII C S. 16. In der Kommission wurde hervorgehoben, daß die Arbeit in Treibhäusern für Kinder nachteilig sei. Regierungsseitig wurde erwidert, diese Arbeit könne auf Grund des § 4 durch den Bundesrat verboten werden. Dieser werde sich überdies anläßlich einer Reihe von Petitionen mit der rechtlichen Stellung der Gärtnereien zu befassen haben;

c) der Gesindedienst. Der Antrag, das Gesetz hierauf auszudehnen, wurde ebenfalls abgelehnt (s. Anm. 2), der Reichskanzler aber durch die Resolution S. 15 oben aufgefordert, Erhebungen über den Umfang und die Art der Lohnbeschäftigung von Kindern im Haushalte (Aufwartung, Kinderpflege u. dgl.) anzustellen;

d) die in § 6 der GO. (s. unten S. 159) aufgeführten Berufsarten, von denen hier namentlich die advokatorische und Notariatspraxis (Schreibstuben!), der Gewerbebetrieb der Auswanderungsunternehmer und Auswanderungsagenten, der Versicherungsunternehmer und der Eisenbahnunternehmungen (s. § 5 Anm. 7) in Betracht kommen;

e) die rein künstlerische und wissenschaftliche Tätigkeit (Modelle!). Dagegen fällt das Kunstgewerbe unter die GO. und das Gesetz.

6. Die bisher schon bestehenden reichsrechtlichen Beschränkungen der Kinderarbeit, insbesondere die in der GO. und auf Grund derselben erlassenen Bestimmungen bleiben in fortdauernder Geltung. Vgl. die Einleitung oben S. 11 ff., 24 und den Anhang unten S. 159 sowie wegen der weitergehenden landesrechtlichen Beschränkungen § 30.

7. eigene, fremde Kinder: Vgl. Anm. 3 zu § 3.

§ 2.

Kinder im Sinne dieses Gesetzes.

Als Kinder im Sinne dieses Gesetzes gelten Knaben und Mädchen unter dreizehn Jahren sowie solche Knaben und Mädchen über dreizehn Jahre, welche noch zum Besuche der Volksschule verpflichtet sind.

1. **Materialien:** Reg.Entw. S. 1, 15, Komm.Ber. S. 8, Antrag S. 828, Stenogr. Verh. S. 7611, 8833. Vgl. auch die Begründung oben S. 27.

2. **Geschichte:** § 2 ist ohne Änderung in der Fassung des Reg.Entw. Gesetz geworden. Die Anträge in der Kommission und bei der zweiten Beratung im Plenum, statt „dreizehn" zu setzen „vierzehn" und die Worte von „sowie" ab zu streichen, wurden abgelehnt. In der dritten Beratung wurde § 2 ohne Diskussion angenommen.

3. **Knaben und Mädchen:** Wo in den weiteren Paragraphen des Gesetzes schlechthin von Knaben und Mädchen gesprochen wird, sind darunter stets solche im Sinne des § 2 zu verstehen.

4. **unter 13 Jahren sowie rc.** Diese Bestimmung ist getroffen in Anschluß an § 135 GO. (abgedruckt unten S. 166).

Eine längere Zwischenzeit zwischen dem Aufhören der Volksschulpflicht und dem Eintritt in den Beruf mußte im Interesse der Kinder, bei denen es häufig an der ausreichenden Aufsicht mangelt, vermieden werden. Eine Erweiterung des Schutzalters auf 14 Jahre (s. Anm. 2) im Gegensatz zu § 135 GO. würde auch zu dem Widerspruch geführt haben, daß nicht mehr schulpflichtige Kinder unter 14 Jahren in Fabriken täglich 6 Stunden und schon von 5½ Uhr morgens an (§§ 135, 136 GO.), in Werkstätten des Handwerks aber nur 3 Stunden und erst von 8 Uhr morgens an hätten beschäftigt werden können.

5. **zum Besuche der Volksschule verpflichtet:** Volksschule im Sinne dieser Bestimmung ist die gewöhnliche **Werktagsschule**; die in verschiedenen Bundesstaaten bestehende Verpflichtung zum Besuch von Sonntags- oder Fortbildungsschulen nach Beendigung der Werktagsschulpflicht fällt nicht unter § 2.

Die **Dauer der Schulpflicht** ist Sache der Landes- nicht der Reichsgesetzgebung und daher in

Deutschland verschieden geordnet. Die Kommission lehnte es ab, durch die Festsetzung des Schutzalters auf 14 Jahre auf die Beseitigung der bestehenden Ungleichmäßigkeiten hinzuwirken. In den meisten Bundesstaaten besteht eine achtjährige, mit dem vollendeten sechsten Lebensjahre beginnende Schulpflicht, so insbesondere in Preußen, Sachsen und Baden. In Bayern dauert dagegen die Schulpflicht nur sieben Jahre. Auch in den Bundesstaaten mit achtjähriger Schulpflicht erfolgt die Schulentlassung der Kinder nicht selten schon vor dem vollendeten 14. Lebensjahre, insbesondere dann, wenn sie bald nach dem Entlassungstermin das 14. Lebensjahr beenden, sowie auf Grund provinzialrechtlicher Normen in besonderen Ausnahmefällen. Vgl. deswegen und wegen der Schulverhältnisse in Preußen, Bayern und Württemberg den Komm.Ber. S. 8—11 und die Stenogr. Verh. S. 7593, 7611, 7612.

Das Ergebnis der Bestimmungen des § 2 ist demnach, daß im größten Teile des Reiches Kinder unter 14 Jahren dem Schutze des Gesetzes unterstehen, während z. B. in England das Schutzalter nur 12 Jahre beträgt. Endet die Schulpflicht für das einzelne Kind erst nach beendetem 14. Jahre, so bleibt es so lange dem Gesetz unterstellt.

§ 3.

Eigene, fremde Kinder.

Im Sinne dieses Gesetzes gelten als eigene Kinder: I

1. Kinder, die mit demjenigen, welcher sie beschäftigt, oder mit dessen Ehegatten bis zum dritten Grade verwandt sind,
2. Kinder, die von demjenigen, welcher sie be-

schäftigt, oder dessen Ehegatten an Kindesstatt angenommen oder bevormundet sind,

3. Kinder, die demjenigen, welcher sie zugleich mit Kindern der unter 1 oder 2 bezeichneten Art beschäftigt, zur gesetzlichen Zwangserziehung (Fürsorgeerziehung) überwiesen sind,

sofern die Kinder zu dem Hausstande desjenigen gehören, welcher sie beschäftigt.

II Kinder, welche hiernach nicht als eigene Kinder anzusehen sind, gelten als fremde Kinder.

III Die Vorschriften über die Beschäftigung eigener Kinder gelten auch für die Beschäftigung von Kindern, welche in der Wohnung oder Werkstätte einer Person, zu der sie in einem der im Abs. 1 bezeichneten Verhältnisse stehen und zu deren Hausstande sie gehören, für Dritte beschäftigt werden.

1. Materialien: Reg.Entw. S. 2, 10, 15, Komm.-Ber. S. 11. Anträge Nr. 828, 829, 842. Stenogr. Verh. S. 7612, 8833. Vgl. a. die Begründung oben S. 22, 29.

2. Geschichte: Abs. 1 Nr. 3 lautete im Reg.Entw.: „Kinder, die demjenigen, welcher sie beschäftigt, zur gesetzlichen Zwangserziehung überwiesen sind.“ Die Abänderung in die gegenwärtige Fassung erfolgte in der dritten Beratung auf Grund des Antrages Trimborn Nr. 842. Im übrigen ist § 3 in der Fassung des Reg.Entw. Gesetz geworden. Die sonst dazu gestellten Anträge, die Unterscheidung zwischen eigenen und fremden Kindern ganz aufzuheben und deshalb den § 3 zu streichen, eventuell Abs. 1 Ziff. 3 zu streichen und in Absatz 3 das 9. Wort „auch“ durch „nicht“ zu ersetzen, wurden abgelehnt.

3. Eigene, fremde Kinder: Das Gesetz ist auf der Unterscheidung zwischen eigenen und fremden Kindern aufgebaut (vgl. § 1). Die bisherige Kinderschutzgesetzgebung machte vor der Schwelle der Familie Halt. Vgl. die Begründung S. 19 oben und die unten S. 174 ff. abgedruckten § 154 Abs. 4 Satz 2 GO. und Abs. 2 der Kaiserl. Verordn. v. 9. Juli 1900. Die angestellten Erhebungen ließen aber keinen Zweifel, daß auch bei der Beschäftigung eigener Kinder, zumal in der Hausindustrie, erhebliche Mißstände vorlagen. Der Reg.Entw. brach daher, ohne die dagegen bestehenden Bedenken und die Schwierigkeiten einer ausreichenden Kontrolle zu verkennen, mit dem Prinzip der GO., ging aber nicht soweit, eigene und fremde Kinder in Beziehung auf die Schutzvorschriften gleichzustellen, weil das natürliche Interesse der Eltern an dem körperlichen und sittlichen Gedeihen der eigenen Kinder schon an sich eine gewisse Garantie gegen ihre übermäßige Ausbeutung zu Erwerbszwecken biete. Auch der Reichstag lehnte den Antrag auf völlige Gleichstellung ab (s. Anm. 2), wenngleich der Befürchtung Ausdruck gegeben wurde, die Unterscheidung werde zur Folge haben, daß in Zukunft die eigenen Kinder mehr ausgenutzt werden würden, als fremde. Ein Kommissionsmitglied erklärte, er und seine Freunde würden das ganze Gesetz lieber fallen lassen, als diesen Unterschied aufzugeben. Der Reichstag verschärfte aber die Bestimmungen des Reg.Entw. über den Schutz eigener Kinder in mehreren Punkten (vgl. unten zu §§ 12—17).

Absatz 1.

4. „Bei der Begrenzung des Begriffs der eigenen Kinder war einerseits das Interesse des Arbeiterschutzes tunlichst zu berücksichtigen und deshalb die Vergünstigung der zugestandenen Erleichterungen in der Beschäftigung auf die Kinder zu beschränken, die zum Hausstand desjenigen gehören, welcher sie beschäftigt. Andererseits waren im Hinblick auf die Durch-

führbarkeit der Kontrolle auch nahe Verwandte sowie angenommene Kinder im Sinne des BGB. §§ 1741 ff. und Mündel beider Ehegatten den eigenen Kindern gleichzustellen. Für die Einbeziehung der zur gesetzlichen Zwangserziehung überwiesenen Kinder sprachen pädagogische Gründe, dagegen erschien es aus anderen Rücksichten bedenklich, in dieser Richtung noch weiter zu gehen und insbesondere etwa in Pflege gegebene Waisenkinder den eigenen Kindern hinzuzurechnen." (Begründung zu § 3).

5. Bis zum dritten Grade verwandt: Vgl. BGB. § 1589: „Personen, deren eine von der anderen abstammt, sind in gerader Linie verwandt. Personen, die nicht in gerader Linie verwandt sind, aber von derselben dritten Person abstammen, sind in der Seitenlinie verwandt. Der Grad der Verwandtschaft bestimmt sich nach der Zahl der sie vermittelnden Geburten. Ein uneheliches Kind und dessen Vater gelten nicht als verwandt."

Eltern und Kinder (Mutter und uneheliches Kind) sind im ersten, Geschwister im zweiten, Oheim (Tante) und Neffe (Nichte) im dritten, Vettern und Cousinen im vierten Grade verwandt.

6. An Kindesstatt angenommen: Vgl. BGB. § 1741: „Wer keine ehelichen Abkömmlinge hat, kann durch Vertrag mit einem anderen diesen an Kindesstatt annehmen. Der Vertrag bedarf der Bestätigung durch das zuständige Gericht."

7. Bevormundet: Vgl. BGB. §§ 1773—1895.

8. Zur gesetzlichen Zwangserziehung überwiesen: In der Kommission wurde regierungsseitig ausgeführt, daß, einerlei ob der Ausdruck „Zwangserziehung" oder „Fürsorgeerziehung" oder beide zusammen gewählt würden, darunter im Sinne dieses Gesetzes jede behördlich angeordnete Erziehung, durch welche ein Kind zur Verhütung der Verwahrlosung in einen fremden Hausstand eingewiesen wurde, zu verstehen

sei. Daher greife die Gleichstellung mit einem eigenen Kinde sowohl im Falle des § 56 StrGB. als des § 1666 BGB. und des Art. 135 des Einf.Ges. zu demselben Platz. Es sei pädagogisch nicht richtig, daß diese Kinder anders, ja besser behandelt würden, als die eigenen Kinder. Daher rechtfertige sich die Gleichstellung. Vgl. ferner die Anm. 4 und das Preuß. Gesetz über die Fürsorgeerziehung Minderjähriger, vom 2. Juli 1900, GS. S. 264, sowie Ausf.Anw. zu D 9, unten S. 142.

9. In die häusliche Gemeinschaft aufgenommene Waisenkinder fallen, sofern nicht behördlich ihre Unterbringung zur Verhütung der Verwahrlosung (§§ 1838, 1666 BGB.) erfolgt ist, nicht unter Abs. 1, sondern gelten nach Abs. 2 als fremde Kinder, damit ihre Aufnahme in die Familie nicht dazu benutzt werden kann, um fremde Kinder in größerer Anzahl unter den für eigene Kinder zugelassenen erweiterten Bedingungen zu beschäftigen (vgl. Anm. 4).

10. Zugleich mit Kindern rc.: Diesen Zusatz hat der Reichstag eingefügt (s. Anm. 2). Werden Kinder der unter 1 und 2 bezeichneten Art nicht zugleich mitbeschäftigt, so gelten die zur Zwangserziehung überwiesenen Kinder als fremde Kinder.

10a. Zu dem Hausstande gehören: Gehören die Kinder nicht zum Hausstande, so gelten sie als Fremde, selbst bei naher Verwandtschaft zum Beschäftiger. Zum Hausstand gehören sie nur, wenn sie dort wohnen und beköstigt werden.

Absatz 3.

11. Für Dritte beschäftigt werden: Die Gleichstellung dieser nicht von den Eltern sondern von Dritten beschäftigten Kinder mit eigenen Kindern ist eine wegen der Schwierigkeit der Kontrolle getroffene Ausnahmebestimmung (s. oben S. 31). Auch die strafrechtliche Verantwortung ist nicht den Dritten, sondern den Eltern auferlegt (s. oben S. 33). Durchbrochen

ist aber die Ausnahme wieder durch die Vorschrift des § 13 Abs. 2, welche aus dem oben S. 32 angegebenen Grunde die Altersgrenze in diesem Falle auf 12 statt auf 10 Jahre feststellt. Ein verwandter Fall ist in dem § 17 Abs. 1 und § 25 Ziff. 1 behandelt; vgl. Anm. 3 zu § 17 und ferner § 3 Anm. 12.

12. In der Wohnung oder Werkstätte: Abs. 3 findet nicht Anwendung, wenn die auf fremder Betriebsstätte beschäftigten Eltern ihre Kinder dort zur Mitarbeit verwenden, wenn also z. B. der Sohn seinem Vater beim Kegelaufsetzen auf einer fremden Kegelbahn hilft. Alsdann gelten die Bestimmungen über die Beschäftigung fremder Kinder. Vgl. § 7 Anm. 5.

II. Beschäftigung fremder Kinder.

§ 4.

Verbotene Beschäftigungsarten.

I Bei Bauten aller Art, im Betriebe derjenigen Ziegeleien und über Tage betriebenen Brüche und Gruben, auf welche die Bestimmungen der §§ 134 bis 139b der Gewerbeordnung keine Anwendung finden, und der in dem anliegenden Verzeichnis aufgeführten Werkstätten, sowie beim Steinklopfen, im Schornsteinfegergewerbe, in dem mit dem Speditionsgeschäfte verbundenen Fuhrwerksbetriebe, beim Mischen und Mahlen von Farben, beim Arbeiten in Kellereien dürfen Kinder nicht beschäftigt werden.

II Der Bundesrat ist ermächtigt, weitere ungeeignete Beschäftigungen zu untersagen und das Verzeichnis abzuändern. Die beschlossenen Abänderungen sind durch das Reichs-Gesetzblatt zu veröffentlichen und dem Reichstage sofort oder, wenn derselbe nicht versammelt ist, bei seinem nächsten Zusammentritte zur Kenntnisnahme vorzulegen.

1. Materialien: Reg.Entw. S. 2, 16, Komm.Ber. S. 13, Antrag Nr. 828, Stenogr. Verh. S. 7614, 8833. Vgl. auch die Begründung oben S. 23.

2. Geschichte: Im Reg.Entw. fehlten in Abs. 1 die Worte „im Schornsteinfegergewerbe" bis einschl. „in Kellereien" und in Abs. 2 die Worte „weitere ungeeignete Beschäftigungen zu untersagen und". Beide Zusätze hat die Kommission aufgenommen, in deren Fassung § 4 Gesetz geworden ist. Der weitere Antrag Baudert, Reißhaus, Wurm (Nr. 828) hinter „Kellereien" einzufügen „ferner beim Rüben- und Pflanzenziehen, Hopfenpflücken und Kartoffelgraben gegen Entgelt sowie bei Treibjagden" wurde in der zweiten Beratung des Plenums verworfen. Schon vorher hatte die Kommission die Ausdehnung des Verbots in Abs. 1 auf die Beschäftigung in der Tabakindustrie, im Schlächtergewerbe, beim Kegelaufsetzen, in Schießbuden, beim Glockenläuten und an Werkstattmaschinen abgelehnt. In dritter Beratung wurde § 4 ohne Debatte angenommen.

3. Verbotene Beschäftigungsarten: „Im § 4 sind diejenigen Betriebe verzeichnet, in denen die Kinderarbeit teils wegen der Anstrengungen, die mit den hier vorkommenden Arbeiten verbunden sind, teils wegen der besonderen Betriebsgefahren völlig ausgeschlossen werden soll. Vorbehalten bleibt (§§ 8, 16 — jetzt 17 —) hier wie in den übrigen Vorschriften die Beschäftigung beim Austragen von Waren sowie bei sonstigen Botengängen. Eine weitergehende Zulassung der Kinder zur Verrichtung von sonstigen an sich unbedenklichen Arbeiten, wie solche in vielen gesundheitsschädlichen oder sonst für Kinder ungeeigneten Be-

trieben vorkommen, verbietet sich, abgesehen von den in solchen Betrieben drohenden mittelbaren Schädigungen, schon um deswillen, weil hierdurch die Kontrolle wesentlich erschwert und den Übertretungen Tür und Tor geöffnet werden würde.“ Begründung S. 16. Den in Petitionen gestellten Anträgen, nicht nur die Beschäftigung beim Austragen von Waren, sondern auch diejenige mit sonstigen unschädlichen Manipulationen, insbesondere mit der Verpackung der in den unter § 4 fallenden Betrieben hergestellten Waren freizugeben, wurde in der Kommission nicht entsprochen. Verpackungsarbeiten in diesen Betrieben fallen also unter das Verbot.

Nach § 12 ist in den unter § 4 fallenden Betrieben die Beschäftigung eigener Kinder im gleichen Umfange untersagt. Insoweit sind also eigene und fremde Kinder in gleichem Maße geschützt.

Absatz 1.

4. Bauten aller Art, Steinklopfen: Auf Bauten kann nach § 154 Abs. 4 GO. die Vorschrift des § 135 GO. (s. unten S. 166, 174) über den Ausschluß von Kindern ausgedehnt werden, was aber bisher nicht geschehen ist. Hier greift nun das Verbot des § 4 Platz. „Unter Bauten aller Art sollen wie im § 105 b GO. (s. unten S. 163) nicht nur Hochbauten, sondern auch Reparatur-, Tief-, Wege- und Eisenbahnbauten verstanden und es soll die Beschäftigung bei allen Arbeiten verboten werden, die zur Errichtung, zur Reparatur oder zur Instandhaltung von Hoch- und Tiefbauten dienen; wenngleich hierzu in der Regel die in größerem Umfange vorkommende Verwendung zum Klopfen von Chausseesteinen ohnehin gerechnet werden muß, so schien es doch, um Zweifeln vorzubeugen, geboten, eine derartige Beschäftigung gewerblicher Art durch eine ausdrückliche Bestimmung auszuschließen.“ Begründung S. 16.

5. Auf Ziegeleien und über Tage betriebene Brüche und Gruben finden nach § 154 Abs. 2 GO. die Schutzbestimmungen des § 135 (s. unten S. 166, 174) insoweit keine Anwendung, als sie bloß vorübergehend oder in geringem Umfange betrieben werden. „Hiernach waren die Kinder aus diesen für ihre Beschäftigung ungeeigneten Betrieben durch den vorliegenden Entwurf auszuschließen.“ Begründung S. 16. § 4 Abs. 1 ergänzt also insoweit den § 154 Abs. 2. Im Ziegeleibetriebe hat sich eine besonders starke und gesundheitsschädliche Ausbeutung der kindlichen Arbeitskraft durch übermäßige Arbeitszeit und Beschäftigung zu junger Kinder herausgestellt.

6. „im Betriebe“ u. s. w.: Durch diesen auch in den §§ 5, 7, 12, 13, 16 des Gesetzes gebrauchten Ausdruck, der dem § 105b GO. (s. unten S. 163) entspricht, „soll auch hier zum Ausdrucke gebracht werden, daß die Regelung, soweit nicht besondere Vorschriften, wie für das Austragen von Waren und sonstige Botengänge gegeben sind, nicht nur räumlich für den Ort, in welchem sich der betreffende Gewerbebetrieb regelmäßig abzuwickeln pflegt, sondern für jede zu dem Gewerbebetriebe gehörige Tätigkeit gelten soll.“ „Danach gilt insbesondere die industrielle Kinderarbeit als Beschäftigung in Werkstätten auch dann, wenn die in der Regel in der elterlichen Wohnung vorgenommenen Verrichtungen zur Sommerszeit im Freien ausgeführt werden, da es sich auch in diesem Falle um eine Beschäftigung „im Betriebe der Werkstatt“ handelt.“ Begründung S. 17. Vgl. auch wegen des Begriffs „Werkstätten“ Anm. 3 zu § 18.

7. in dem anliegenden Verzeichnis: Siehe S. 115 und die Anmerkungen zu dem dort abgedruckten Verzeichnis. Der Bundesrat kann den Inhalt des Verzeichnisses abändern (s. Anm. 12), während sich diese Befugnis auf die im Texte des Abs. 1 verbotenen Beschäftigungsarten nicht erstreckt.

8. in dem mit dem Speditionsgeschäft verbundenen Fuhrwerksbetriebe: Den Antrag, die Kinderarbeit im Fuhrwerksbetriebe vollständig zu verbieten, lehnte die Kommission als zu weit gehend ab. Das beschränkte Verbot ist aus dem Grunde gerechtfertigt, weil es sich insoweit um eine Gesundheitsgefährdung der Kinder durch das Ab- und Zutragen vielfach zu schwerer Lasten handelt. Im übrigen greift § 5 Platz.

9. Das Mischen und Mahlen von Farben ist wegen des verursachten Farbenstaubes in besonders hohem Grade gesundheitsgefährlich.

10. in Kellereien: Dieser Ausdruck wurde in der Kommission statt des Ausdrucks „in Kellern" gewählt, um klarzustellen, daß nicht jede Arbeit in Kellern unter das Verbot fallen solle. Unter „Kellereien" sind umfangreichere Betriebe zu verstehen.

11. dürfen Kinder nicht beschäftigt werden: „Ebenso wird der Begriff der Beschäftigung die gleiche Auslegung zu finden haben, wie er sie bereits bisher bei Ausführung der §§ 135 ff. GO. (s. unten S. 166) gefunden hat, indessen mit der Maßgabe, daß ein gewerblicher Arbeitsvertrag hier nicht vorzuliegen braucht. Danach sind die Bestimmungen des Entwurfs insbesondere auch da anwendbar, wo der Betriebsunternehmer die Beschäftigung nicht selbst gibt, sondern sie bloß duldet. Derartige Fälle können auch im Betriebe von Werkstätten vorkommen." Begründung S. 17. Vgl. dazu die zu den §§ 135 ff., 146 Abs. 1 Ziff. 2 GO. ergangenen Entscheidungen des Reichsgerichts in Strafsachen Bd. VII S. 105, IX S. 102, XI S. 304, XXI S. 153, XXIV S. 184. Danach ist der Gewerbetreibende, in dessen Betrieb entgegen dem § 135 Kinder beschäftigt werden, strafbar, wenn ihn ein Verschulden trifft, das auch in Fahrlässigkeit, z. B. bei der Auswahl des Vertreters gemäß § 151 GO. oder durch Unterlassung der gebotenen

Aufsicht bestehen kann. Unter die Verbotsbestimmung fällt auch das bloße Geschehenlassen der Beschäftigung, z. B. die Zulassung der Verwendung des Kindes zur Erleichterung der Arbeit des Vaters (Anm. 12 zu § 3). Auch darauf kommt es nicht an, ob die Beschäftigung gesundheitsgefährlich ist oder nicht, ob sie nur zur eigenen Ausbildung des Kindes (wie z. B. beim Anlernen eines Lehrlings) erfolgt, und ob sie endlich nur darin besteht, daß das Kind präsent sein muß. Jegliche Beschäftigung, auch eine nur gelegentliche und vorübergehende fällt unter das Verbot. Vgl. auch § 1 Anm. 3 und § 5 Anm. 11.

Absatz 2.

12. Der Bundesrat ist ermächtigt: Das Verzeichnis ist auf Grund der amtlichen Erhebungen aus dem Jahre 1898 aufgestellt und berücksichtigt diejenigen Betriebsarten, die für Kinder gesundheitsgefährlich sind, und in denen tatsächlich Kinderbeschäftigung nachgewiesen ist. Bei dem beständigen Wandel der in Betracht kommenden Verhältnisse muß zur Beseitigung von Unzuträglichkeiten die Möglichkeit zur Abänderung des Verzeichnisses ohne jedesmalige Beschreitung des Weges der Gesetzgebung gegeben sein, zumal ein Abströmen von Kindern in größerem Maße aus verbotenen Betrieben in andere dem Verbot noch nicht unterliegende Betriebe nicht ausgeschlossen ist. § 4 Abs. 2 ermächtigt dazu nach dem Vorgang der GO. (§§ 120e, 139a, 154) den Bundesrat, und zwar ist er nicht nur zur Untersagung weiterer ungeeigneter Beschäftigungen, sondern auch zur Abänderung des Verzeichnisses in der Richtung befugt, daß er Werkstätten und Betriebe, die darin aufgeführt sind, streichen oder einschränkende Zusätze machen kann. Durch Bekanntmachung des Reichskanzlers vom 17. Dezember 1903 ist die erste Abänderung des Verzeichnisses unter Gruppe V erfolgt (s. unten S. 126 ff.). Vgl. auch Begründung S. 16 und Komm.Ber. S. 14, 15 sowie wegen der Abänderung des Abs. 2 seitens der Kommission oben Anm. 2.

13. zur Kenntnisnahme: ebenso §§ 120e, 139a GO. Der Genehmigung des Reichstags unterliegen die Abänderungen nicht.

14. Strafvorschrift in § 23.

§ 5.

Beschäftigung im Betriebe von Werkstätten, im Handelsgewerbe und in Verkehrsgewerben.

I Im Betriebe von Werkstätten (§ 18), in denen die Beschäftigung von Kindern nicht nach § 4 verboten ist, im Handelsgewerbe (§ 105b Abs. 2, 3 der Gewerbeordnung) und in Verkehrsgewerben (§ 105i Abs. 1 a. a. O.) dürfen Kinder unter zwölf Jahren nicht beschäftigt werden.

II Die Beschäftigung von Kindern über zwölf Jahre darf nicht in der Zeit zwischen acht Uhr Abends und acht Uhr Morgens und nicht vor dem Vormittagsunterrichte stattfinden. Sie darf nicht länger als drei Stunden und während der von der zuständigen Behörde bestimmten Schulferien nicht länger als vier Stunden täglich dauern. Um Mittag ist den Kindern eine mindestens zweistündige Pause zu gewähren. Am Nachmittage darf die Beschäftigung erst eine Stunde nach beendetem Unterrichte beginnen.

1. Materialien: Reg.Entw. S. 2, 18, Komm.Ber. S. 19, Antrag Nr. 828, Stenogr. Verh. S. 7616, 8833 Vgl. auch die Begründung oben S. 17.

2. Geschichte: Der Reg.Entw. enthielt die beiden letzten Sätze des Absatzes 2 von „Um Mittag" ab nicht.

Die Kommission fügte diese Sätze unter Ablehnung weitergehender Schutzanträge ein. In dieser Fassung ist § 5 Gesetz geworden. In der zweiten Beratung im Plenum wurde der Antrag Nr. 828 (Baudert, Reißhaus, Wurm), das Schutzalter auf 13 statt auf 12 Jahre festzusetzen, die Arbeit zwischen Vor- und Nachmittagsunterricht und in den auf die Unterrichtszeit folgenden 2 Stunden ganz zu verbieten sowie in den Ferien die Arbeit ebenfalls auf 3 Stunden zu beschränken, abgelehnt. In dritter Beratung wurde § 5 ohne Debatte angenommen.

3. Inhalt: § 5 stellt die Grundsätze für die vom Gesetze erlaubte (vgl. die Verbote in den §§ 4, 6, 7, 9) Beschäftigung fremder Kinder auf: in Zukunft dürfen nur solche über 12 Jahre und auch diese nur 3, in den Ferien 4 Stunden unter Einhaltung bestimmter Pausen und nicht von 8 Uhr abends bis 8 Uhr morgens und nicht vor dem Vormittagsunterricht beschäftigt werden. Diese Mindestanforderungen gelten nunmehr (abgesehen von der Übergangszeit § 8 Abs. 2) für die Beschäftigung fremder Kinder schlechthin. Eine Ausnahme läßt das Gesetz nur im § 6 Abs. 2 zu. Wegen der abweichenden Grundsätze über die Beschäftigung eigener Kinder vgl. § 13, wegen des Begriffs „Kinder" § 2.

Absatz 1.

4. Im Betriebe von Werkstätten: Vgl. Anm. 6 zu § 4 und Anm. 3 zu § 18.

5. im Handelsgewerbe: Der Begriff Handelsgewerbe im Sinne des § 105b Abs. 2, 3 GO. (s. unten S. 163) umfaßt nicht nur den Groß- und Kleinhandel einschließlich des Hausierhandels, sondern auch den Geld- und Kredithandel, die Leihanstalten, den Zeitungsverlag, die sogenannten Hilfsgewerbe des Handels, Spedition, Kommission und die Handelslager. Vgl. auch KG. v. 3. Febr.

1895 Bd. XVII S. 430. Auch die Tätigkeit des in den Comptoiren der Fabriken, Werkstätten zc. beschäftigten Personals gehört hierher; Preuß. Min.Erl. v. 11. März 1893, Min.Bl. S. 112. Gehilfen im Handelsgewerbe sind auch die im Betriebe eines Kaufmanns angestellten Hausknechte, Fuhrleute und mit dem Auf- und Abladen beschäftigten Personen. Vgl. KG. v. 12. Juni 1899 Bd. XIX S. 318. Nach der Entstehungsgeschichte fällt unter Abs. 2 des § 105 b ferner der Meß- und Marktverkehr. Den Abschluß von Handelsgeschäften im Sinne des Handelsgesetzbuchs setzt der Begriff „Handelsgewerbe" nicht notwendig voraus. Vgl. auch Anm. 7.

6. die Beschäftigung von Kindern im Hausierhandel, der unter den Begriff des Handelsgewerbes (vgl. Anm. 5) und daher unter die Vorschriften des § 5 fällt, regeln im übrigen die §§ 42 b Abs. 5, 57 a Ziff. 1, 59 Abs. 1 Ziff. 1 u. 2, 60 b Abs. 3 GO. (s. unten S. 160 ff.). Die Begründung S. 19 bemerkt: „Von Bestimmungen über die Beschäftigung beim Hausierhandel, worin nach den Erhebungen von 1898 eine nicht unerhebliche Zahl von Kindern beschäftigt war, konnte abgesehen werden, da den hier zu Tage tretenden Mißständen bereits auf Grund der bestehenden Gesetzgebung mit Erfolg entgegengetreten werden kann. Durch § 42 b Abs. 5 GO. ist nämlich für Kinder unter 14 Jahren beim sogenannten ambulanten Gewerbebetriebe das Feilbieten von Gegenständen auf öffentlichen Wegen zc. sowie das Feilbieten von Haus zu Haus ohne vorgängige Bestellung verboten, wobei allerdings der Ortspolizeibehörde von Orten, wo ein derartiges Feilbieten durch Kinder herkömmlich ist, die Befugnis verliehen ist, für vier Wochen im Kalenderjahr Ausnahmen zuzulassen. Ferner sind die Kinder vom Gewerbebetriebe im Umherziehen durch den § 57 a Ziff. 1 a. a. O., wonach Personen unter 25 Jahren der Wandergewerbeschein in der Regel zu versagen ist, im allgemeinen aus-

geschlossen, sodaß nur noch das Feilbieten der im § 59 Abs. 1 Ziff. 1 u. 2 a. a. O. bezeichneten Gegenstände, wozu es eines Wandergewerbescheines nicht bedarf, in Betracht kommt. Dieses aber kann nach § 60b Abs. 3 a. a. O. für Kinder unter 14 Jahren von der Ortspolizeibehörde verboten werden. Werden also Ausnahmen auf Grund von § 42b Abs. 5 a. a. O. nur selten gewährt und wird von der im § 60b Abs. 3 begründeten Befugnis häufig Gebrauch gemacht, so werden Übelstände bei der Kinderbeschäftigung im Hausierbetriebe kaum hervortreten".

7. in Verkehrsgewerben: Diese umfassen im Sinne des § 105i Abs. 1 GO. (s. unten S. 165) den gesamten Personen- und Güterverkehr zu Lande und zu Wasser, insbesondere auch den Droschken- und Omnibusverkehr sowie das Gewerbe der Dienstmänner und Fremdenführer. Nicht hierher gehören: der unter § 105b Abs. 2 GO. fallende Handelsbetrieb auf Bahnhöfen und Dampfschiffen einschließlich des Bahnhofsbuchhandels, ferner — als Hilfsgewerbe des Handels — die Gewerbe der Markthelfer, Packer, Geschäftsdiener, Träger sowie die Spedition (vgl. KG. v. 3. Febr. 1895 Bd. XVII S. 429) und Kommission. Nach § 6 GO. finden die Vorschriften der GO. keine Anwendung auf die Rechtsverhältnisse der Schiffsmannschaften auf den Seeschiffen und den Gewerbebetrieb der Eisenbahnunternehmungen. Ebenso fällt der staatliche Post- und Telegraphenbetrieb nicht unter die GO. Vgl. auch Anm. 5 und § 4 Anm. 8.

8. dürfen nicht beschäftigt werden: Vgl. Anm. 11 zu § 4 und Anm. 11 unten.

Absatz 2.

9. über 12 Jahre: In der Bemessung dieser Altersgrenze lehnt sich der § 5 an die englische und österreichische Gesetzgebung an (vgl. Begründung S. 18).

Wegen der Anträge, das Schutzalter auf 13 Jahre heraufzusetzen s. Anm. 2. Für die Ablehnung wurde insbesondere auch geltend gemacht, daß die deutsche Lehrerschaft sich mit der Festsetzung des 12. Lebensjahres als Schutzalter einverstanden erklärt habe.

10. in der Zeit zwischen acht Uhr abends u. s. w.: „Auf das Verbot der Beschäftigung zwischen acht Uhr abends und acht Uhr morgens ist um deswillen ein erheblicher Wert zu legen, weil zu den bedenklichsten Mißständen die Beschäftigung von Kindern in den frühen Morgen- und späten Abendstunden gehört. Ebenso rechtfertigt sich das Verbot der Beschäftigung vor dem Vormittagsunterrichte hinlänglich durch die Erwägung, daß Kinder, die vor dem Unterrichte gewerblich tätig gewesen sind, erfahrungsmäßig dem Unterrichte nicht mit der erforderlichen Aufmerksamkeit folgen können. Bei Bemessung der Beschäftigungsdauer ist in Erwägung zu ziehen, daß der Schulunterricht in der Regel fünf Stunden täglich dauert und daß, abgesehen von der zur Anfertigung der Schularbeiten erforderlichen Zeit, eine mehr als achtstündige Beschäftigung dem Organismus der Kinder als zuträglich nicht erachtet werden kann. Die gewerbliche Beschäftigung soll deshalb in der Regel nicht mehr als drei Stunden währen. In diesem Umfange kann die Beschäftigung mit Rücksicht auf das vorstehend erörterte Verbot der Nachtarbeit und der Beschäftigung vor dem Vormittagsunterrichte nachgelassen werden. Andererseits empfiehlt sich diese Regelung um deswillen, weil bei der Gestattung einer dreistündigen Beschäftigungsdauer Ausnahmen nur für die Ferien erforderlich werden und die Entbehrlichkeit weiterer Ausnahmen im Interesse der Einfachheit der Vorschriften und ihrer gleichmäßigen Durchführung als ein wesentlicher Vorzug zu betrachten ist. Für die Ferienzeit hat sich die Zulassung von Ausnahmen hinsichtlich der Dauer der Beschäftigung, die

sich auf vier Stunden täglich soll erstrecken können, als unvermeidlich und unbedenklich erwiesen." Begründung S. 19. Vgl. auch Anm. 2 sowie § 136 GO. (s. unten S. 166), der die Beschäftigung der jugendlichen Arbeiter in Fabriken, soweit sie überhaupt zugelassen ist (§ 135), nur von achteinhalb Uhr abends bis fünfeinhalb Uhr morgens, also für die Dauer von 9 Stunden verbietet, während die nächtliche Ruhezeit im § 5 dieses Gesetzes auf 12 Stunden bemessen ist.

11. Um Mittag ist zu gewähren: Die zweistündige Pause muß gewährt werden. Eine Vereinbarung dahin, daß die Pause nicht stattfinden solle, ist unstatthaft, da es sich um eine nicht zum Vorteil eines einzelnen Individuums, sondern zum Schutze der heranwachsenden Generation, im Interesse des Volksganzen erlassene Vorschrift des öffentlichen Rechts handelt, die durch einen Privatvertrag nicht abgeändert werden kann. Der Arbeitgeber darf die Beschäftigung des Kindes innerhalb der vorgeschriebenen Pausen also auch dann nicht dulden, wenn sie ohne sein Zutun freiwillig übernommen ist. Vgl. auch § 4 Anm. 11 und wegen der abweichenden Judikatur des Oberlandesgerichts Breslau und der darauf bezüglichen Erklärung des Staatssekretärs des Innern: Stenogr. Verh. S. 7617.

12. Mittags- und Nachmittagspause: Über ihre Einfügung durch die Kommission vgl. Anm. 2. Die Ausdehnung der Mittagspause über 2 Stunden hinaus auf den ganzen oft erheblichen Zwischenraum zwischen Vor- und Nachmittagsunterricht sowie die Verlängerung der Pause nach dem Nachmittagsunterricht auf 2 Stunden wurde abgelehnt, weil dadurch die Arbeit nur umsomehr auf den Abend (bei Licht) zusammengedrängt werden würde.

13. Strafvorschrift in § 23.

§ 6.

Beschäftigung bei öffentlichen theatralischen Vorstellungen und anderen öffentlichen Schaustellungen.

I Bei öffentlichen theatralischen Vorstellungen und anderen öffentlichen Schaustellungen dürfen Kinder nicht beschäftigt werden.

II Bei solchen Vorstellungen und Schaustellungen, bei denen ein höheres Interesse der Kunst oder Wissenschaft obwaltet, kann die untere Verwaltungsbehörde nach Anhörung der Schulaufsichtsbehörde Ausnahmen zulassen.

1. Materialien: Reg.Entw. S. 2, 19. Komm.Ber. S. 21. Stenogr. Verh. S. 5014, 7619, 8833. Vgl. auch die Begründung oben S. 17.

2. Geschichte: Der Reg.Entw. lautete in Abs. 1 „Kinder unter 12 Jahren". Die Kommission strich die Worte „unter 12 Jahren" und folgeweise den Abs. 2 des Entwurfs, welcher lautete: „Auf die Beschäftigung von Kindern über 12 Jahre finden die Bestimmungen des § 5 Abs. 2 mit der Maßgabe Anwendung, daß die Beschäftigung bis 9 Uhr abends dauern darf." In Abs. 3 (jetzt Abs. 2) fügte sie die Worte ein „nach Anhörung der Schulaufsichtsbehörde". In dieser Fassung wurde § 6 in zweiter und dritter Beratung vom Reichstag ohne Debatte angenommen.

Absatz 1.

3. Öffentlich: Über den Begriff vgl. OVG. vom 24. Sept. 1888 Bd. XVIII S. 424 und v. 9. März 1892 Bd. XXII S. 413. Danach ist jede Vorstellung oder Schaustellung öffentlich, deren Zugänglichkeit nicht auf einen individuell bestimmten Personenkreis beschränkt ist. „Der Begriff bleibt bestehen, wenn der Zutritt ein-

zelnen Persönlichkeiten oder gewissen Kategorien von Personen verweigert, oder wenn derselbe überhaupt nur bestimmten Gesellschaftsklassen und selbst diesen nur unter Bedingungen, z. B. gegen die von jedermann zu zahlenden Eintrittsgelder oder zu lösenden Eintrittskarten gestattet wird." Bd. XXII S. 415 a. a. O. Vgl. auch Preuß. Min.Erl. v. 2. Nov. 1884 Min.Bl. S. 255 und vom 23. Febr. 1889 Min.Bl. S. 38.

4. Theatralische Vorstellungen und Schaustellungen: nur gewerbsmäßige (§ 1 Anm. 5), also nicht solche, die nicht in Gewinnabsicht veranstaltet werden. Unter Schaustellungen fallen insbesondere die Produktionen von Artisten (Varieté-Theater) und die Zurschaustellung von Menschen, Tieren, Antiquitäten rc.

5. Dürfen Kinder nicht beschäftigt werden: Vgl. § 4 Anm. 11 und wegen des Begriffs Kinder § 2. Nach § 15 finden die Bestimmungen des § 6 auch auf eigene Kinder Anwendung. In Beziehung auf eine Petition der „Internationalen Artistenloge" zu Berlin, als Mindestalter für das öffentliche Auftreten 10 Jahre und als Arbeitsgrenze 11 Uhr abends festzusetzen, weil die Kinder ohne frühzeitiges öffentliches Auftreten die Ängstlichkeit nicht überwänden und die deutschen Artisten andernfalls gegenüber dem Auslande nicht konkurrenzfähig blieben, wurde in der Kommission bemerkt, es werde nicht bestritten, daß, um zu gewissen Fertigkeiten zu gelangen, wie sie von Artisten erstrebt würden, früher begonnen werden müsse, „z. B. wenn sich jemand zum Schlangenmenschen ausbilden wolle"; aber es werde bestritten, daß es überhaupt nötig sei, daß sich jemand dazu ausbilde. Was die ausländische Konkurrenz angehe, so dürften auch Ausländer nicht mit Kindern auftreten. (Vgl. auch § 62 Abs. 3 GO. unten S. 162.) Auch der Staatssekretär des Innern erklärte sich bei der ersten Beratung des Gesetzes im Reichstag, soweit nicht Kinderrollen in klassischen Stücken in Betracht kämen,

für das gänzliche Verbot der Beschäftigung von Kindern bei öffentlichen Schaustellungen.

Absatz 2.

6. Die Begründung bemerkt, daß schon im Hinblick auf die Kinderrollen in klassischen Stücken die Zulassung von Ausnahmen nicht umgangen werden könne und daß die Rücksichtnahme auf wissenschaftliche Veranstaltungen solche ebenfalls gebiete. Zwar beständen auch insoweit Gefahren für die Kinder. Es dürfte aber angenommen werden, daß hier für eine ausreichende Beaufsichtigung der Kinder gesorgt werden würde. „Für eine Regelung der Beschäftigung von Kindern bei öffentlichen Musikaufführungen hat sich ein Bedürfnis nicht herausgestellt." Begründung S. 20.

7. Bei denen ein höheres Interesse der Kunst oder Wissenschaft obwaltet: Der gleiche Ausdruck ist in den §§ 33a, 33b, 55 GO. gebraucht. Die Beantwortung der Frage, ob im Einzelfalle ein solches Interesse vorliegt, hängt wesentlich von der Würdigung tatsächlicher Verhältnisse ab. Es genügt nicht, daß der Gegenstand der Darstellung ein Erzeugnis der Kunst ist, sondern es muß auch die Darstellung selbst nach der Gesamtheit der begleitenden Umstände den Anforderungen der Kunst oder Wissenschaft entsprechen. Danach kommen außer der Ausbildung und den Leistungen der Mitwirkenden auch der Charakter des Unternehmens und die Lokalität in Betracht (z. B. ob während der Vorstellung geraucht, getrunken und ab- und zugegangen werden darf). „Höheres" Interesse bedeutet nicht „hohes" Interesse; es muß aber ein wirkliches Interesse der Kunst oder Wissenschaft vorliegen. Entscheidend ist der objektive Wert der Veranstaltung, nicht die Absicht des Unternehmers. Vgl. Preuß. Min.Erl. v. 8. Juni 1895 Min.Bl. S. 169 und v. 15. Juni 1897 Min.Bl. S. 113. OVG. v. 22. März 1898 Bd. XXXIV S. 204 und v. 21. Juni

1901 Preuß. Verw.Bl. Bd. XXIII S. 151. KG. vom 1. Okt. 1894 Bd. XVI S. 355

8. Kann die untere Verwaltungsbehörde Ausnahmen zulassen: Das Gesetz beschränkt die Befugnis der unteren Verwaltungsbehörde (vgl. § 22) weder in Beziehung auf das Alter des Kindes noch auf die Dauer und die Endstunde der Beschäftigung. Die Behörde hat darüber nach pflichtmäßigem Ermessen zu entscheiden. Sie „wird zu prüfen haben, ob die Person des Leiters der Unternehmung genügende Sicherheit dafür bietet, daß die Kinder vor sittlichen Gefahren behütet bleiben, und zugleich zur Vermeidung von Gesundheitsschädigungen dafür Sorge tragen müssen, daß das Auftreten in angemessenen Zwischenräumen stattfindet. Die zweckentsprechende Auslegung der vorgesehenen Bestimmung ist durch die bei Ausführung des § 33a der GO. gewonnene Praxis hinlänglich gesichert. Insbesondere ist es danach ausgeschlossen, daß den sogenannten Spezialitäten-, Akrobaten- und Artistenvorstellungen, den Zirkusaufführungen und ähnlichen Veranstaltungen auf Grund dieser Vorschriften Ausnahmen gewährt werden können.“ Begründung S. 19. Vgl. wegen des Verfahrens die Ausf.Anw. zu B 7, unten S. 139, sowie Anm. 7 oben und wegen der Sonntagsruhe § 9 Abs. 2.

9. Nach Anhörung der Schulaufsichtsbehörde: Dieser Zusatz (vgl. Anm. 2) wurde von der Kommission, nachdem der Antrag, die Zustimmung der Schulbehörden zu erfordern, zurückgezogen war, mit großer Mehrheit angenommen und dabei zugleich als Ansicht der Kommission festgestellt, daß diese Anhörung, wie es auch der Wortlaut der Bestimmung ergebe, mit Bezug auf die Vorstellung, nicht aber mit Bezug auf die einzelnen in Betracht kommenden Kinder erfolgen solle. Schulaufsichtsbehörde ist der Kreisschulinspektor (s. § 22). Vgl. auch Anm. 8 und die Ausf.Anw. zu B 7, unten S. 139.

10. Durch die Ausnahmebewilligung wird, sofern

fremde Kinder beschäftigt werden sollen, die Verpflichtung des Unternehmers zur Anzeige (§ 10) und die Verpflichtung zur Beschaffung einer Arbeitskarte (§ 11) nicht berührt: Ausf.Anw. zu B 7, unten S. 139.

11. Strafvorschrift in § 23.

§ 7.

Beschäftigung im Betriebe von Gast- und von Schankwirtschaften.

Im Betriebe von Gast- und von Schankwirtschaften dürfen Kinder unter zwölf Jahren überhaupt nicht und Mädchen (§ 2) nicht bei der Bedienung der Gäste beschäftigt werden. Im Übrigen finden auf die Beschäftigung von Kindern über zwölf Jahre die Bestimmungen des § 5 Abs. 2 Anwendung.

1. Materialien: Reg.Entw. S. 3, 20, Komm.Ber. S. 23, Stenogr. Verh. S. 7619, 8833. Vgl. auch Begründung oben S. 17 und ferner die Bekanntmachung des Reichskanzlers betr. die Beschäftigung von Gehilfen und Lehrlingen in Gast- und Schankwirtschaften v. 23. Jan. 1902 (RGBl. S. 33 u. 40), die auf Grund des § 120e der GO. ergangen ist und Schutzvorschriften für Gehilfen und Lehrlinge sowohl über 16 Jahre als unter 16 Jahren enthält (vgl. Anm. 7).

2. Geschichte: § 7 wurde von der Kommission unter Ablehnung mehrerer Abänderungsanträge (vgl. auch Anm. 5) unverändert in der Fassung des Reg.-Entw. und ebenso — ohne Debatte — in der zweiten und dritten Beratung vom Plenum angenommen.

3. Im Betriebe: Vgl. Anm. 6 zu § 4.

4. Gastwirtschaft betreibt, wer ein offenes Lokal hält, um Personen, sei es mit, sei es ohne Verpflegung gewerbsmäßig vorübergehend zu beherbergen. OVG. v. 9. April 1888 Bd. XVI S. 352. Das Vermieten von

Schlafstellen und das Halten von Quartier- und Kostgängern fällt nicht darunter, OVG. v. 18. Febr. 1899 Bd. XXXV S. 328; ebensowenig das gewerbsmäßige Vermieten möblierter Zimmer auf längere Dauer, wohl aber das Halten sogen. Pensionen, sofern es sich um allgemein oder doch für die Angehörigen gewisser Gesellschaftsklassen in der Regel allgemein zugängliche Lokale handelt.

Schankwirtschaft betreibt, wer gewerbsmäßig Getränke beliebiger Art (Wein, Bier, Schnaps, Kaffee, Mineralwasser u. s. w.) zum Genuß auf der Stelle in einem offenen Lokal verabfolgt, auch wenn er dies nur als Nebenerwerb (z. B. im Konditoreibetriebe) tut, RG. v. 13. Febr. 1890 Bd. X S. 204, OVG. v. 4. Juli 1877 Bd. II S. 333. Milchverkauf ist keine Schankwirtschaft, da Milch ein Heil- und Kräftigungsmittel, kein Genußmittel ist. § 7 gilt auch für die Schankwirtschaft von Konsumvereinen: § 33 Abs. 5 u. 6 GO.

Gast- und Schankwirtschaften können nach § 33 der GO. nur auf Grund einer Konzession betrieben werden, welche zu versagen ist, wenn gegen den Nachsuchenden Tatsachen vorliegen, welche die Annahme rechtfertigen, daß er das Gewerbe zur Förderung der Völlerei, des verbotenen Spiels, der Hehlerei oder der Unsittlichkeit mißbrauchen werde. Für Erteilung der Konzession ist in Preußen nach § 114 des Zust.Ges. v. 1. Aug. 1883 der Kreis- (Stadt-) Ausschuß bezw. in den zu einem Landkreise gehörigen Städten mit mehr als 10 000 Einwohnern der Magistrat zuständig. Nach § 53 GO. kann die erteilte Konzession zurückgenommen werden, wenn aus Handlungen oder Unterlassungen des Inhabers der Mangel derjenigen Eigenschaften, welche bei der Erteilung der Konzession nach der Vorschrift des Gesetzes vorausgesetzt werden mußten, klar erhellt.

5. dürfen Kinder unter zwölf Jahren nicht beschäftigt werden: Das Verbot betrifft Knaben und Mädchen (§ 2). Für eigene Kinder trifft § 16 die gleiche Bestimmung.

„Bei der Beschäftigung im Betriebe von Gast- und von Schankwirtschaften kommen insbesondere Fälle der schon in der Begründung zu § 4 erwähnten Art vor, in denen der Betriebsunternehmer in keinem unmittelbaren Verhältnisse zu den beschäftigten Kindern steht, sondern ihre Beschäftigung bloß duldet. In diesem Sinne fällt beispielsweise die Beschäftigung von Kegeljungen auch dann unter die hier vorgesehenen Bestimmungen, wenn die Jungen nicht von dem betreffenden Wirte, sondern von einem Dritten angenommen sind. Ebenso haben bei der Beschäftigung von Kegeljungen, die ihrem Vater beim Kegelaufsetzen helfen, falls der Vater nicht zugleich Inhaber des Gast- oder Schankwirtschaftsbetriebes ist, die Bestimmungen über die Beschäftigung fremder und nicht diejenigen über die Beschäftigung eigener Kinder Anwendung zu finden, weil die Bestimmung des § 3 Abs. 3 hier nicht zutrifft." Begründung S. 20. Vgl. auch § 3 Anm. 12 und § 4 Anm. 11.

Wegen der Übelstände, welche die Beschäftigung als Kegeljunge für die Kinder vielfach mit sich bringt, (frühzeitige Berührung mit dem gesamten Wirtschaftstreiben, dessen Auswüchsen und Versuchungen, Gewöhnung an den Genuß von Spirituosen, Beschäftigung nicht selten bis in die Nachtzeit und als Folge der ungeregelten Tätigkeit vielfach Unlust zur Ergreifung solcher Berufe, die eine geordnete Lehrzeit und ernste Tätigkeit erfordern) vgl. Komm.Ber. S. 23. Ein Antrag, hinter den Worten „von Schankwirtschaften" einzufügen „zum Kegelaufsetzen", dies also für Kinder unter 12 Jahren nicht nur im Betriebe von Gast- und Schankwirtschaften, sondern allgemein (also auch auf Privatkegelbahnen ꝛc.) zu verbieten, wurde von der Kommission abgelehnt, da die Verhältnisse auf dem Lande meist harmlos seien.

6. und Mädchen nicht bei der Bedienung der Gäste: nämlich schulpflichtige Mädchen (§ 2) über zwölf Jahre (vgl. Anm. 5). Für eigene Kinder gilt nach § 16 das Gleiche. Die Bestimmung ist getroffen, um die

Mädchen gegen die sittlichen Gefahren zu schützen, welche der Verkehr mit den Gästen mit sich bringen kann. Abgesehen von der Bedienung der Gäste dürfen Mädchen über 12 Jahre in gleichem Umfange beschäftigt werden wie Knaben.

7. Beschäftigung von Kindern über 12 Jahre: Vgl. Anm. 9 ff. zu § 5 sowie § 20 Abs. 2 und ferner wegen der Beschäftigung von Gehilfen und Lehrlingen in nicht mehr schulpflichtigem Alter die in Anm. 1 bezeichnete Bekanntmachung des Reichskanzlers v. 23. Jan. 1902, welche die Gewährung ununterbrochener Ruhezeiten von bestimmter Mindestdauer vorschreibt und unter I Ziff. 6 bestimmt:

„Gehilfen und Lehrlinge unter sechzehn Jahren dürfen in der Zeit von zehn Uhr abends bis sechs Uhr morgens nicht beschäftigt werden. Außerdem dürfen Gehilfen und Lehrlinge weiblichen Geschlechts zwischen sechzehn und achtzehn Jahren, welche nicht zur Familie des Arbeitgebers gehören, während dieser Zeit nicht zur Bedienung der Gäste verwendet werden."

Für Kinder im Sinne des § 2 tritt an Stelle der Bestimmungen dieser Bekanntmachung nunmehr das vorliegende Gesetz.

8. An Sonn- und Festtagen dürfen fremde Kinder im Betriebe von Gast- und Schankwirtschaften überhaupt nicht beschäftigt werden (vgl. § 9 Anm. 3 und wegen eigener Kinder § 16).

9. Strafvorschrift in § 23.

§ 8.

Beschäftigung beim Austragen von Waren und bei sonstigen Botengängen.

Auf die Beschäftigung von Kindern beim Austragen von Waren und bei sonstigen Botengängen in den in §§ 4 bis 7 bezeichneten und in anderen gewerblichen Betrieben finden die Bestimmungen des § 5 entsprechende Anwendung. I

II Für die ersten zwei Jahre nach dem Inkrafttreten dieses Gesetzes kann die untere Verwaltungsbehörde nach Anhörung der Schulaufsichtsbehörde für ihren Bezirk oder Teile desselben allgemein oder für einzelne Gewerbszweige gestatten, daß die Beschäftigung von Kindern über zwölf Jahre bereits von sechseinhalb Uhr Morgens an und vor dem Vormittagsunterrichte stattfindet; jedoch darf sie vor dem Vormittagsunterrichte nicht länger als eine Stunde dauern.

1. Materialien: Reg.Entw. S. 3, 20, Komm.Ber. S. 23, Stenogr. Verh. S. 7619, 8833. Vgl. auch Begründung oben S. 17, 30.

2. Geschichte: § 8 wurde in obiger Fassung von der Kommission einstimmig genehmigt und vom Reichstag in zweiter und dritter Beratung ohne Debatte unverändert angenommen. Der Reg.Entw. bestimmte abweichend in Abs. 1:

„1. Kinder unter zehn Jahren dürfen nicht beschäftigt werden.

2. Auf die Beschäftigung von Kindern über 10 Jahre finden die Bestimmungen des § 5 Abs. 2 mit der Maßgabe Anwendung, daß die Beschäftigung von Kindern über 12 Jahre auch außerhalb der Schulferien bis zu vier Stunden täglich dauern darf."

In Abs. 2 setzte die Kommission die Übergangszeit von fünf auf zwei Jahre herab und schob die Worte „nach Anhörung der Schulaufsichtsbehörde" ein. Die Anträge, den Abs. 2 ganz zu streichen und in Abs. 1 das Schutzalter statt auf 12 auf 13 Jahre festzusetzen, lehnte sie ab. Der Petition des Centralverbandes deutscher Bäckerinnungen „Germania", die Beschäftigung vor dem Unterricht auf die Dauer von einer Stunde im Sommer von $5^1/_2$, im Winter von $6^1/_2$ Uhr morgens an zu gestatten, und im wesentlichen gleichen Petitionen mehrerer bayrischer Handels-, Gewerbe- und Handwerkskammern, wurde nicht entsprochen.

Absatz 1.

3. finden die Bestimmungen des § 5 entsprechende Anwendung: Vom 1. Januar 1904 ab (§ 31) ist die Beschäftigung fremder Kinder unter 12 Jahren beim Austragen von Waren und bei sonstigen Botengängen danach überhaupt verboten, wodurch von 135 000 in dieser Weise beschäftigten Kindern etwa 45 000 von dieser Tätigkeit ausgeschlossen werden. Ferner ist die Beschäftigung von Kindern über 12 Jahre zwischen 8 Uhr abends und 8 Uhr morgens vom 1. Januar 1906 ab (Abs. 2) schlechthin unzulässig. Vgl. im übrigen § 5 und wegen Beschäftigung eigener Kinder § 17.

Es handelt sich bei der im § 8 getroffenen Regelung im wesentlichen um die Beseitigung der Mißstände, die sich aus der hier fraglichen Art der Beschäftigung (insbesondere beim Austragen von Zeitungen, Brot und Milch) in den frühen Morgen- und späten Abendstunden ergeben. Abgesehen von der Gesundheitsgefährdung der Kinder durch die Verkürzung der erforderlichen Nachtruhe und durch Preisgabe an Wind und Wetter, oft ohne genügende Bekleidung, sowie in den Großstädten durch zu vieles Treppensteigen, werden auch ihre Leistungen und Fortschritte in der Schule, in die sie meist schon übermüdet gelangen, wesentlich beeinträchtigt. Das Austragen bringt die Kinder auch in Häuser, in denen ihnen Gefahren in sittlicher Beziehung drohen. In der Kommission wurde bemerkt, daß in dieser Art der Tätigkeit auch keinerlei erziehliches Moment liege, denn für das spätere Leben hätten die Botengänge keinen Wert. Wie das Austragen auf Kinder wirke, könne man u. a. aus der Mitteilung ersehen, welche der Superintendent Schönberner im Jahre 1895 gemacht habe, daß von hundert jugendlichen Gefangenen der Strafanstalt Plötzensee 30 während ihrer Schulzeit als Frühstücks- und Zeitungsausträger und Laufburschen verwendet gewesen seien. Die von der Kommission unter Abänderung des Reg.Entw. angenommenen Bestimmungen des Abs. 1 bedeuten daher, wenn sie auch einen nicht unerheblichen Einschnitt in das Erwerbsleben der Eltern enthalten, in Beziehung auf den Kinderschutz in unterrichtlicher, sittlicher und sanitärer Hinsicht einen außerordentlichen Fortschritt.

4. in den in §§ 4—7 bezeichneten und in anderen gewerblichen Betrieben: „Bei den im Jahre 1898 angestellten Erhebungen wurde nicht ermittelt, in welchen Gewerbszweigen die Beschäftigung als Austräger, Laufbursche und Laufmädchen stattfand. Wegen der Gleichartigkeit der Verhältnisse kann aber die Regelung nicht auf das Austragen von Waren und sonstige Botengänge für die in den §§ 4—7 bezeichneten Betriebe beschränkt bleiben, sie soll vielmehr auch dann Anwendung finden, wenn diese Tätigkeit in anderen gewerblichen Betrieben ausgeübt wird." Begründung S. 20.

5. Wegen der Sonntagsruhe vgl. § 9 Abs. 3.

Absatz 2.

6. Für die ersten zwei Jahre: also für die Zeit bis zum 1. Januar 1906 (§ 31). Die Bestimmung ist zur Erleichterung des Überganges mit Rücksicht auf die sehr große Zahl der gegenwärtig beim Austragen von Zeitungen und Backwaren in der Frühe beschäftigten Kinder getroffen. Der Reg.Entw. sah 5 Jahre vor (vgl. Anm. 2); in der Kommission wurde demgegenüber bemerkt, eine so lange Übergangszeit sei unnötig; nach 5 Jahren würden die Verhältnisse dieselben

sein, wie heute. Es gäbe immer mehr Halbinvaliden unter den Arbeitern; selbst Staatsbetriebe, so z. B. die oberschlesischen Bergwerke, stellten Leute über 40 Jahre nicht mehr an; solche Arbeiter könnten sehr wohl zu Botengängen benutzt werden.

7. kann die untere Verwaltungsbehörde gestatten: Vgl. § 22. Die Verwendung von Kindern unter 12 Jahren kann sie nicht zulassen, ebensowenig die Verwendung von Kindern über 12 Jahre nach 8 Uhr abends oder über drei Stunden (in den Ferien vier Stunden) oder endlich während der Mittags- und Nachmittagspause: § 5 Abs. 2. Vgl. Ausf.Anw. zu C 8, unten S. 140.

8. nach Anhörung der Schulaufsichtsbehörde (Kreisschulinspektor): Vgl. Anm. 2 und § 22. Die Kommission stellte fest, daß die Anhörung nur bezüglich der Ausdehnung der Ausnahmen auf den Bezirk oder Teile desselben und der in Betracht kommenden Gewerbezweige zu erfolgen habe. Vgl. Anm. 8 zu § 6 und Ausf.Anw. zu C 8 Abs. 3, unten S. 141.

9. Strafvorschrift in § 23. Ein in der Kommission gestellter Antrag, zu § 8 den Zusatz zu machen: „Wird die nach Vorstehendem zulässige Arbeitszeit durch eigenes Verschulden der Kinder oder durch unvorhergesehene Umstände überschritten, ohne daß der Arbeitgeber dies zu verhindern imstande war, so tritt die Strafbestimmung des § 22 (jetzt § 23) außer Kraft" wurde von verschiedenen Seiten bekämpft und daraufhin zurückgezogen.

§ 9.

Sonntagsruhe.

An Sonn- und Festtagen (§ 105a Abs. 2 der Gewerbeordnung) dürfen Kinder, vorbehaltlich der Bestimmungen in Abs. 2, 3, nicht beschäftigt werden.

II Für die öffentlichen theatralischen Vorstellungen und sonstigen öffentlichen Schaustellungen bewendet es auch an Sonn- und Festtagen bei den Bestimmungen des § 6.

III Für das Austragen von Waren sowie für sonstige Botengänge bewendet es bei den Bestimmungen des § 8. Jedoch darf an Sonn- und Festtagen die Beschäftigung die Dauer von zwei Stunden nicht überschreiten und sich nicht über ein Uhr Nachmittags erstrecken; auch darf sie nicht in der letzten halben Stunde vor Beginn des Hauptgottesdienstes und nicht während desselben stattfinden.

1. Materialien: Reg.Entw. S. 3, 21. Komm.Ber. S. 25. Stenogr. Verh. S. 7619, 8833. Vgl. auch Begründung oben S. 18, 33.

2. Geschichte: Abs. 2 des § 9 lautete im Reg.-Entw.: „Für die Verkehrsgewerbe, die öffentlichen theatralischen Vorstellungen und sonstigen öffentlichen Schaustellungen sowie die Gast- und die Schankwirtschaften bewendet es auch an Sonn- und Festtagen bei den Bestimmungen der §§ 5—7." Abs. 1 u. 3 waren mit der jetzigen Fassung gleichlautend. Die Kommission strich in Abs. 2 die Verkehrsgewerbe und die Gast- und Schankwirtschaften. Den in erster Lesung gestrichenen Abs. 3 stellte sie in zweiter Lesung wieder her. Nachdem ein weitergehender Antrag, zur Herstellung völliger Sonntagsruhe die Absätze 2 u. 3 ganz zu streichen, zurückgezogen war, nahm sie § 9 sodann in der jetzigen Fassung in zweiter Lesung an. Dem trat der Reichstag in zweiter und dritter Beratung ohne Debatte bei.

3. Verhältnis der neuen Vorschriften zum bisherigen Rechtszustand: § 136 Abs. 3 GO. (die in Betracht kommenden Paragraphen sind unten

S. 163 ff. abgedruckt) verbietet die Beschäftigung von jugendlichen Arbeitern (unter 16 Jahren) an Sonn- und Festtagen in Fabriken schlechthin. Für Werkstätten ist die Beschäftigung von Kindern an Sonn- und Festtagen durch § 105 b Abs. 1 GO. jedoch vorbehaltlich der in §§ 105 c bis 105 f vorgesehenen weittragenden Ausnahmen untersagt, ebenso im Handelsgewerbe durch § 105 b Abs. 2 außerhalb der freigegebenen Zeit (von regelmäßig fünf Stunden). Nach § 105 i finden die §§ 105 b bis 105 g aber auf Gast- und Schankwirtschaftsgewerbe, Musikaufführungen, Schaustellungen, theatralische Vorstellungen oder sonstige Lustbarkeiten sowie auf Verkehrsgewerbe keine Anwendung.

Demgegenüber schafft das Gesetz einen einheitlichen Rechtszustand. Die Beschäftigung fremder Kinder (§ 3) an Sonn- und Festtagen — und zwar nicht nur die gewerbliche, sondern jedwede, auch die gelegentliche Beschäftigung — ist nunmehr allgemein bis auf zwei Ausnahmen verboten. Diese Ausnahmen sind: 1. Beschäftigung in Theatern und Schaustellungen, unter den engumgrenzten Voraussetzungen des § 6 Abs. 2, um die Aufführung klassischer Stücke mit Kinderrollen an Sonn- und Festtagen zu ermöglichen. 2. Austragen von Waren und sonstige Botengänge für Betriebe jeder Art von Kindern über 12 Jahre auf die Dauer von zwei Stunden vormittags zwischen acht und ein Uhr unter Freilassung der Zeit während des Gottesdienstes und einer halben Stunde vorher. Der Grund dieser Ausnahme ist, daß sich für Kinder, für welche das Austragen von Waren, Zeitungen, Backwerk usw. die ganze Woche hindurch gestattet ist, Sonntags nicht leicht Ersatz schaffen und daher ein Verbot nicht rechtfertigen läßt.

Damit ist für fremde Kinder im wesentlichen volle Sonntagsruhe geschaffen und gegenüber dem bisherigen Rechtszustand ein außerordentlicher Fortschritt erzielt, insbesondere im Gast- und Schankwirtschaftsgewerbe, bei

Schaustellungen und im Verkehrsgewerbe, in denen bisher keinerlei Schutz bestand, und ferner auch im Handelsgewerbe und im Werkstättenbetrieb durch Beseitigung aller eine Beschäftigung zulassenden Ausnahmebestimmungen.

Weniger durchgreifend regelt das Gesetz die Sonntagsruhe für eigene Kinder. Im Betriebe von Werkstätten, im Handelsgewerbe und im Verkehrsgewerbe verbietet hier § 13 Abs. 3 die Beschäftigung an Sonn- und Festtagen, stellt also eigene und fremde Kinder gleich. Diese Gleichstellung findet nach § 15 ferner auch für Theater und Schaustellungen statt und ebenso nach § 17 Abs. 1 für die Beschäftigung beim Austragen von Zeitungen, Milch und Backwaren, wenn die Kinder für Dritte beschäftigt werden. Sonstige Beschränkungen der Sonntagsarbeit eigener Kinder trifft das Gesetz nicht, insbesondere also nicht in Beziehung auf Gast- und Schankwirtschaften und abgesehen von vorstehender Ausnahme für das Austragen von Waren und sonstige Botengänge (s. Anm. 4 zu § 17).

Weitergehende landesrechtliche Beschränkungen der Sonntagsbeschäftigung von Kindern sind nach § 30 zulässig.

4. An Sonn- und Festtagen von Mitternacht zu Mitternacht. Nach § 105a Abs. 2 GO. (s. unten S. 163) bestimmen die Landesregierungen unter Berücksichtigung der örtlichen und konfessionellen Verhältnisse, welche Tage als Festtage gelten. In allen Teilen von Preußen sind gesetzliche Feiertage: der erste und zweite Weihnachtstag, der Neujahrstag, Ostermontag, Himmelfahrtstag, Pfingstmontag, Buß- und Bettag (Mittwoch vor dem letzten Trinitatis-Sonntage: Gesetz v. 12. März 1893, GS. S. 29) sowie der Charfreitag (Ges. betreffend den Charfreitag vom 2. Sept. 1899, GS. S. 161). Im übrigen gelten bis zum Erlaß einer allgemeinen Vorschrift auf Grund des § 105a Abs. 2, die bisher nicht ergangen ist, für die einzelnen Landesteile die älteren Bestimmungen und Gewohnheitsrechte fort (vgl. Kabinettsorder v. 7. Febr. 1837, GS. S. 19, für die alten Provinzen und Ges. v. 9. Mai 1892, GS. S. 107, für die neuen Provinzen, sowie RG.E. in StrS. v. 2. Okt. 1893 Bd. XXIV S. 268, wonach die bestehenden Vorschriften bis zum Erlaß neuer Bestimmungen auf Grund des Abs. 2 in Kraft bleiben).

In Bayern sind auf Grund des Abs. 2 die Festtage bestimmt durch die Min.Bekanntm. v. 30. April 1895 (Ges. u. Verordn.Bl. S. 253), in Sachsen durch § 59 der Verordn. v. 28. März 1892 (Ges. u. Verordn.Bl. S. 28), in Württemberg durch Kgl. Verordn. v. 22. Mai 1895, Min.Bekanntm. v. 27. Mai 1895 u. Min.Verf. v. 14. Okt. 1895 (Reg.Bl. S. 165, 169, 298), in Baden durch § 1 der Verordn. v. 18. Juni 1892 u. v. 31. Juli 1896 (Ges. u. Verordn.Bl. S. 287 bezw. S. 240), in Hessen durch die Min.Verordn. v. 31. Aug. 1895 (Reg.Bl. S. 161).

5. Strafvorschrift in § 24 Ziff. 1.

§ 10.

Anzeige.

Sollen Kinder beschäftigt werden, so hat der Arbeitgeber vor dem Beginne der Beschäftigung der Ortspolizeibehörde eine schriftliche Anzeige zu machen. In der Anzeige sind die Betriebsstätte des Arbeitgebers sowie die Art des Betriebs anzugeben. I

Die Bestimmung des Abs. 1 findet keine Anwendung auf eine bloß gelegentliche Beschäftigung mit einzelnen Dienstleistungen. II

1. Materialien: Reg.Entw. S. 3, 21, Komm.-Ber. S. 27, Stenogr. Verh. S. 7619, 8833. Vgl. auch Begründung oben S. 17.

2. Geschichte: Die Kommission lehnte den Antrag, in § 10 einzufügen: „Die Ortspolizeibehörde hat die Schulaufsichtsbehörde von der Anzeige in Kenntnis zu setzen" ab und ebenso die weiteren Anträge, in Abs. 2 hinter dem Wort „gelegentliche" die Worte „nur kurze Zeit dauernde" hinzuzufügen sowie ferner: „Bei Wiederholungen ist die im Abs. 1 vorgesehene Anzeige zu erstatten." Sie nahm § 10 in der Fassung der Reg.Vorlage an und dem trat der Reichstag ohne Debatte in zweiter und dritter Beratung bei.

3. Kinder: d. h. fremde Kinder (§§ 2, 3). Die Beschäftigung eigener Kinder unterliegt nicht der Anzeigepflicht, auch nicht im Fall des § 17 Abs. 1 des Gesetzes.

4. der Arbeitgeber: nicht die Eltern. Vgl. die Strafvorschrift in § 26.

5. der Ortspolizeibehörde: vgl. § 22. Der Antrag, daß diese die Schulaufsichtsbehörde zu benachrichtigen habe (Anm. 2), wurde abgelehnt, weil dadurch überflüssiges Schreibwerk entstehe und der Lehrer jederzeit in der Lage sei, durch Befragung eines in den Leistungen zurückbleibenden Kindes festzustellen, ob und wie es beschäftigt sei.

6. eine schriftliche Anzeige zu machen: „Die Kontrollmaßregeln sollen mit Rücksicht auf die zahlreichen in Betracht kommenden Kleinbetriebe auf ein tunlichst geringes Maß beschränkt werden. Die Erstattung der Anzeige von der Beschäftigung von Kindern und die Führung von Arbeitskarten (vgl. § 11) soll daher nur dann gefordert werden, wenn die Beschäftigung nicht bloß gelegentlich mit einzelnen Dienstleistungen stattfindet. Im übrigen sind hinsichtlich des Inhalts der im

§ 10 geforderten Anzeige den Arbeitgebern die gleichen Verpflichtungen auferlegt worden, wie sie im § 5 Abs. 1 der Verordn., betr. die Ausdehnung der §§ 135 bis 139 und des § 139b der GO. auf die Werkstätten der Kleider- und Wäschekonfektion vom 31. Mai 1897 (RGBl. S. 459) und in der Bestimmung unter II, 6 Abs. 1 der Ausführungsbestimmungen des Bundesrats über die Beschäftigung von jugendlichen Arbeitern und von Arbeiterinnen in Werkstätten mit Motorbetrieb vom 13. Juli 1900 (RGBl. S. 566) vorgesehen sind. Dagegen ist von der Anordnung des für jene Werkstätten vorgeschriebenen Aushanges abgesehen worden." Begründung S. 21. Eingehende Vorschriften für die Durchführung der Bestimmungen des § 10 trifft die Ausf.Anw. zu D 9 u. 10, unten S. 142. Zur Entgegennahme und Protokollierung mündlicher Anzeigen ist die Polizeibehörde nicht verpflichtet. Vgl. auch § 138 GO.

7. gelegentliche Beschäftigung: In der Kommissionsberatung wurde unter Zustimmung des Vertreters der verbündeten Regierungen ausgeführt, der Gegensatz zu „gelegentlich" sei „regelmäßig", deshalb sage man wohl am besten „gelegentliche, nicht regelmäßig wiederkehrende". Es werde aber nicht notwendig sein, im Gesetz eine Änderung vorzunehmen, vielmehr genügen, daß im Kommissionsbericht dieser Gedanke festgelegt werde. Vgl. auch Ausf.Anw. zu D 9, unten S. 142, sowie Anm. 6 und wegen der Abänderungsanträge zu Abs. 2 Anm. 2 oben.

§ 11.

Arbeitskarte.

Die Beschäftigung eines Kindes ist nicht gestattet, I
wenn dem Arbeitgeber nicht zuvor für dasselbe eine Arbeitskarte eingehändigt ist. Diese Bestimmung

findet keine Anwendung auf eine bloß gelegentliche Beschäftigung mit einzelnen Dienstleistungen.

II Die Arbeitskarten werden auf Antrag oder mit Zustimmung des gesetzlichen Vertreters durch die Ortspolizeibehörde desjenigen Ortes, an welchem das Kind zuletzt seinen dauernden Aufenthaltsort gehabt hat, kosten- und stempelfrei ausgestellt; ist die Erklärung des gesetzlichen Vertreters nicht zu beschaffen, so kann die Gemeindebehörde die Zustimmung ergänzen. Die Karten haben den Namen, Tag und Jahr der Geburt des Kindes sowie den Namen, Stand und letzten Wohnort des gesetzlichen Vertreters zu enthalten.

III Der Arbeitgeber hat die Arbeitskarte zu verwahren, auf amtliches Verlangen vorzulegen und nach rechtmäßiger Lösung des Arbeitsverhältnisses dem gesetzlichen Vertreter wieder auszuhändigen. Ist die Wohnung des gesetzlichen Vertreters nicht zu ermitteln, so erfolgt die Aushändigung der Arbeitskarte an die im Abs. 2 bezeichnete Ortspolizeibehörde.

IV Die Bestimmungen des § 4 des Gewerbegerichtsgesetzes vom 29. September 1901 (Reichs-Gesetzbl. S. 353) über die Zuständigkeit der Gewerbegerichte für Streitigkeiten hinsichtlich der Arbeitsbücher finden entsprechende Anwendung.

1. Materialien: Reg.Entw. S. 4, 22, Komm.Ber. S. 27. Stenogr. Verh. S. 7619, 8833. Vgl. auch Begründung oben S. 17.

2. Geschichte: Die Kommission lehnte den Antrag, in Abs. 2 hinter dem Worte „ergänzen" die Worte einzufügen: „Ihre Ausstellung kann nur nach Anhörung der Schulbehörde erfolgen" ab und desgleichen den Antrag, hinter Abs. 3 einen Absatz einzufügen, dahinlautend: „Die Arbeitskarte wird auf Anordnung der Ortspolizeibehörde nach Anhörung der Schulbehörde entzogen, sobald durch die Beschäftigung des Kindes Unzuträglichkeiten für dessen Gesundheit, für Unterricht und Erziehung entstehen." Sie nahm § 11 in der Fassung der Reg.-Vorlage unverändert an und dem trat der Reichstag in zweiter und dritter Beratung ohne Debatte bei (s. auch Anm. 4).

3. Arbeitskarte: „Den im § 11 vorgesehenen Bestimmungen über die Einführung von Arbeitskarten sind, abgesehen von der Ausnahme in Bezug auf die gelegentliche Beschäftigung mit einzelnen Dienstleistungen, die durch die Novelle vom 17. Juli 1878 (RGBl. S. 199) eingeführten Vorschriften des § 137 der GO. in der Fassung vom 1. Juli 1883 (RGBl. S. 177) über die Einführung von Arbeitskarten für die in Fabriken beschäftigten schulpflichtigen Kinder zu Grunde gelegt. Diese Vorschriften sind in die Novelle zur GO. vom 1. Juni 1891 (RGBl. S. 261) nur um deswillen nicht wieder aufgenommen worden, weil die Beschäftigung solcher Kinder, für welche die Arbeitskarten bestimmt waren, gesetzlich verboten wurde. Da sich die Einrichtung aber während ihres Bestehens bewährt hat, darf angenommen werden, daß sie auch im vorliegenden Falle eine zweckmäßige Kontrollmaßregel bilden wird." Begründung S. 22. Vgl. zu Abs. 1 im übrigen § 10 Anm. 3 bis 7. Bei der Beschäftigung eigener Kinder bedarf es keiner Arbeitskarte, auch nicht im Fall des § 17 Abs. 1.

4. Durch die Ortspolizeibehörde ausgestellt: Vgl. die zu § 11 ergangenen ausführlichen

Vorschriften der Ausf.Anw. zu E 11—21, unten S. 145. Die erstmalige Ausstellung der Arbeitskarte kann von der Ortspolizeibehörde (s. § 22) — auch wenn das Kind schwächlich oder kränklich ist — nicht verweigert werden, da die Karte nach dem Grundgedanken der Vorlage nicht einen Erlaubnisschein darstellen, sondern lediglich als Kontrollmittel dienen soll, ohne das freie Verfügungsrecht der Eltern über die Arbeitskraft ihrer Kinder einzuschränken. Die Kommission lehnte es daher auch ab, die Anhörung der Schulbehörde vor Ausstellung der Karte vorzuschreiben (s. Anm. 2), oder die Beibringung eines ärztlichen Gesundheitsattestes für das Kind zu verlangen, wie eine Petition des Berliner Vereins für Gesundheitspflege beantragt hatte. Bei der Beratung wurde aber hervorgehoben, die beste Lösung werde darin bestehen, daß überall Schulärzte angestellt würden, welche über die Zulassung zur gewerblichen Beschäftigung zu bestimmen hätten. Die spätere Entziehung der Karte und die Verweigerung der Erteilung einer neuen Karte ist nach der dem § 20 durch die Kommission gegebenen Fassung unter den dort bestimmten Voraussetzungen für zulässig erklärt. — Die Arbeitskarte wird ein für alle Male ausgestellt, nicht etwa erneut bei jedem Wechsel des Arbeitsverhältnisses. Mit dem Zeitpunkte der Beendigung der Schulpflicht des Kindes verliert sie von selbst ihre Bedeutung.

5. Gesetzlicher Vertreter ist nach den §§ 1627 u. 1630 BGB. der Vater als Inhaber der elterlichen Gewalt, nach dessen Tode und in den in den §§ 1684, 1685 BGB. sonst vorgesehenen Fällen die Mutter nach Maßgabe der näheren Bestimmungen der §§ 1687—1697. Ist weder Vater noch Mutter mehr vorhanden oder sind sie aus besonderen Gründen zur Vertretung des Minderjährigen nicht berechtigt, so erhält er einen Vormund, der ihn zu vertreten hat (§§ 1773, 1793 BGB.).

6. Gemeindebehörde ist der Gemeindevorstand, in Gutsbezirken der Gutsvorsteher (s. § 22). Die Ergänzung der Zustimmung ist nur zulässig, wenn die Erklärung des gesetzlichen Vertreters nicht zu beschaffen ist, nicht auch dann, wenn sie verweigert wird.

7. § 4 des Gewerbegerichtsgesetzes lautet:

„Die Gewerbegerichte sind ohne Rücksicht auf den Wert des Streitgegenstandes zuständig für Streitigkeiten:

1. über den Antritt, die Fortsetzung oder die Auflösung des Arbeitsverhältnisses, sowie über die Aushändigung oder den Inhalt des Arbeitsbuchs, Zeugnisses, Lohnbuchs, Arbeitszettels oder Lohnzahlungsbuchs,
2. über die Leistungen aus dem Arbeitsverhältnisse,
3. über die Rückgabe von Zeugnissen, Büchern, Legitimationspapieren, Urkunden, Gerätschaften, Kleidungsstücken, Kautionen und dergleichen, welche aus Anlaß des Arbeitsverhältnisses übergeben worden sind,
4. über Ansprüche auf Schadensersatz oder auf Zahlung einer Vertragsstrafe wegen Nichterfüllung oder nicht gehöriger Erfüllung der Verpflichtungen, welche die unter Nr. 1 bis 3 bezeichneten Gegenstände betreffen, sowie wegen gesetzwidriger oder unrichtiger Eintragungen in Arbeitsbücher, Zeugnisse, Lohnbücher, Arbeitszettel, Lohnzahlungsbücher, Krankenkassenbücher oder Quittungskarten der Invalidenversicherung,
5. über die Berechnung und Anrechnung der von den Arbeitern zu leistenden Krankenversicherungsbeiträge und Eintrittsgelder (§§ 53a, 65, 72, 73 des Krankenversicherungsgesetzes),

6. über die Ansprüche, welche auf Grund der Übernahme einer gemeinsamen Arbeit von Arbeitern desselben Arbeitgebers gegen einander erhoben werden.

Streitigkeiten über eine Konventionalstrafe, welche für den Fall bedungen ist, daß der Arbeiter nach Beendigung des Arbeitsverhältnisses ein solches bei anderen Arbeitgebern eingeht, oder ein eigenes Geschäft errichtet, gehören nicht zur Zuständigkeit der Gewerbegerichte."

8. Strafvorschrift in § 27.

III. Beschäftigung eigener Kinder.

§ 12.

Verbotene Beschäftigungsarten.

In Betrieben, in denen gemäß den Bestimmungen des § 4 fremde Kinder nicht beschäftigt werden dürfen, sowie in Werkstätten, in welchen durch elementare Kraft (Dampf, Wind, Wasser, Gas, Luft, Elektrizität usw.) bewegte Triebwerke nicht bloß vorübergehend zur Verwendung kommen, ist auch die Beschäftigung eigener Kinder untersagt.

1. Materialien: Reg.Entw. S. 4, 22, Komm.Ber. S. 28, Stenogr. Verh. S. 7619, 8833. Vgl. auch Begründung oben S. 18, 23.

2. Geschichte: Die Kommission lehnte den Antrag, an Stelle der Worte „sowie in Werkstätten" bis „zur Verwendung kommen" zu setzen: „sowie von Maschinen, welche durch elementare Kraft (Dampf rc.) bewegt werden" ab und desgleichen den Antrag, für die Vor-

werke der Weberei die Beschäftigung von Kindern, sofern die Arbeit leicht und eine Gefährdung durch elementare Kraft ausgeschlossen sei, zu gestatten. § 12 wurde in der Fassung des Reg.Entw. von ihr unverändert angenommen und ebenso vom Reichstag in zweiter und dritter Beratung ohne Debatte.

3. sowie in Werkstätten: Die Beschäftigung fremder Kinder in den hier genannten Werkstätten mit Motorbetrieb ist bereits durch die Kais. Verordnung, betr. die Inkraftsetzung der im § 154 Abs. 3 der GO. getroffenen Bestimmungen v. 9. Juli 1900 (s. unten S. 174) verboten. Da diese Verordnung nach deren Abs. 2 sich auf Werkstätten mit Motorbetrieb, in denen der Arbeitgeber ausschließlich zu seiner Familie gehörige Personen beschäftigt, nicht erstreckt, so mußte das Verbot hier ausgesprochen werden (vgl. auch Anm. 2).

4. Soweit verbotene Beschäftigungsarten (§§ 4, 12) in Betracht kommen, sind (s. Anm. 3) eigene und fremde Kinder (§§ 2, 3) nunmehr völlig gleichgestellt. Das in den Anmerkungen zu § 4 Gesagte gilt daher auch hier. Auch in der Hausindustrie dürfen Eltern, sofern es sich um Werkstätten mit Motorbetrieb handelt, ihre Kinder zu Arbeiten irgend welcher Art, sei es auch nicht an den Maschinen, künftig nicht mehr heranziehen. Der Bundesrat kann jedoch nach § 14 — und zwar auch nach Ablauf der Übergangszeit — Ausnahmen, jedoch nur für eigene Kinder gestatten (s. den die Hauswebereien betreffenden Antrag in Anm. 2). Für die Dauer der Übergangszeit (bis zum 31. Dezember 1905) ist dies durch die Bekanntmachung des Reichskanzlers vom 17. Dezember 1903 (RGBl. S. 312) geschehen (s. deswegen § 14 Anm. 5).

5. Strafvorschrift in § 25.

§ 13.

Beschäftigung im Betriebe von Werkstätten, im Handelsgewerbe und in Verkehrsgewerben.

I Im Betriebe von Werkstätten, in denen die Beschäftigung von Kindern nicht nach § 12 verboten ist, im Handelsgewerbe und in Verkehrsgewerben dürfen eigene Kinder unter zehn Jahren überhaupt nicht, eigene Kinder über zehn Jahre nicht in der Zeit zwischen acht Uhr Abends und acht Uhr Morgens und nicht vor dem Vormittagsunterrichte beschäftigt werden. Um Mittag ist den Kindern eine mindestens zweistündige Pause zu gewähren. Am Nachmittage darf die Beschäftigung erst eine Stunde nach beendetem Unterrichte beginnen.

II Eigene Kinder unter zwölf Jahren dürfen in der Wohnung oder Werkstätte einer Person, zu der sie in einem der im § 8 Abs. 1 bezeichneten Verhältnisse stehen, für Dritte nicht beschäftigt werden.

III An Sonn- und Festtagen dürfen auch eigene Kinder im Betriebe von Werkstätten und im Handelsgewerbe sowie im Verkehrsgewerbe nicht beschäftigt werden.

1. Materialien: Reg.Entw. S. 4, 22, Komm.Ber. S. 30, Stenogr. Berh. S. 7619, 8833. Vgl. auch Begründung oben S. 29).

2. Geschichte: § 13 des Reg.Entw. hat in der Kommission und in der zweiten Beratung des Reichstags wesentliche Veränderungen erlitten. In Abs. 1

fügte die Kommission die beiden letzten Sätze von „Um Mittag“ ab entsprechend dem § 5 Abs. 2 ein, obwohl der Regierungsvertreter den Zusatz, weil die Kontrolle zu schwer sei, bekämpfte. Ferner nahm der Reichstag in zweiter Beratung den Antrag Dr. Zwick-Rösicke, Nr. 830, an, durch Einfügung der Worte „und nicht vor dem Vormittagsunterrichte“ den Abs. 1 konform mit dem § 5 Abs. 2 zu gestalten. Abs. 2 des § 13 ist unverändert geblieben, in Abs. 3 dagegen von der Kommission „sowie im Verkehrsgewerbe“ eingefügt und der Abs. 4 abgetrennt und als neuer § 13a (jetzt § 14) anderweit in das Gesetz eingefügt. In dritter Beratung nahm der Reichstag § 13 in dieser Fassung unverändert an.

Absatz 1

3. Dieselben Beschäftigungsarten, die § 5 für fremde Kinder regelt, unterzieht § 12 der Regelung für eigene Kinder. Die Unterschiede sind folgende:

a) Eigene Kinder dürfen in den in der Überschrift genannten Betrieben und Gewerben beschäftigt werden, wenn sie über 10 Jahre, fremde Kinder erst, wenn sie über 12 Jahre alt sind. Der Bundesrat kann nach § 14 — und zwar auch nach Ablauf der Übergangszeit — Ausnahmen für eigene Kinder gestatten. Für die Dauer der Übergangszeit (bis zum 31. Dezember 1905) ist dies durch die Bekanntmachung des Reichskanzlers vom 17. Dezember 1903 (RGBl. S. 312) geschehen (s. deswegen § 14 Anm. 5). Ein in der Kommission gestellter Antrag, das Schutzalter auch für eigene Kinder auf 12 Jahre zu erhöhen, wurde abgelehnt, weil beinahe ein Drittel der beschäftigten Kinder auf das Alter von 10—12 Jahren falle und die Heraufsetzung auf 12 Jahre zu tief in die wirtschaftlichen und Familienverhältnisse eingreifen würde;

b) die Beschränkung der Dauer der täglichen Beschäftigung auf drei Stunden und in den Schulferien auf vier Stunden gilt nur für fremde Kinder. Für eigene Kinder bestimmt das Gesetz eine Höchstdauer nicht. Den Antrag, eigene Kinder in dieser Beziehung den fremden ebenfalls gleichzustellen, lehnte die Kommission ab. Dieser Unterschied ist aber außer für die Ferien nicht von so wesentlicher Bedeutung, als es zunächst scheint. Von dem 12stündigen Zeitraume von 8 bis 8 Uhr gehen 2 Freistunden Mittags und eine Nachmittags ab. Erfordert die Schule von den verbleibenden neun Stunden einschließlich der Schularbeit 5—6 Stunden, so bleiben für die Beschäftigung nur 3—4 Stunden als Höchstdauer übrig.

In allen übrigen Punkten sind die Schutzbestimmungen für eigene Kinder im § 13 ebenso normiert, wie im § 5 für fremde Kinder. Vgl. die Anmerkungen zu § 5 und oben Anm. 2.

4. im Handelsgewerbe und in Verkehrsgewerben: Auch in diesen Gewerben dürfen daher eigene Kinder schon dann beschäftigt werden, wenn sie über 10 Jahre alt sind. „Wenn diese im wesentlichen aus wirtschaftlichen Gründen erforderliche und danach an und für sich auf die Hausindustrie zu beschränkende Erleichterung auch im Handelsgewerbe und im Verkehrsgewerbe Platz greifen soll, so war hierfür maßgebend, daß Kinder häufig gleichzeitig bei industrieller und handelsgewerblicher Tätigkeit beschäftigt sind, und es daher zweckmäßig ist, wenn für diese Betriebe die gleichen Vorschriften gelten." Begründung S. 22.

Absatz 2.

5. Über Grund und Zweck der in Abs. 2 getroffenen Bestimmung vgl. die Begründung oben S. 32 und ferner Anm. 11 zu § 3.

Absatz 3.

6. Eigene und fremde Kinder sind in Beziehung auf das Verbot der Sonntagsarbeit insoweit gleichgestellt, „da für die Beschäftigung an Sonn- und Festtagen im Betriebe von Werkstätten und im Handelsgewerbe, abgesehen vom Austragen und sonstigen Botengängen, auch hinsichtlich der eigenen Kinder ein Bedürfnis nicht anerkannt werden konnte". Begründung S. 23. Die Worte „sowie im Verkehrsgewerbe" hat die Kommission eingeschoben (s. Anm. 2). Vgl. im übrigen § 9 und die Zusammenstellung der die Sonntagsruhe betreffenden Vorschriften in Anm. 3 daselbst.

7. Strafvorschrift in § 25.

§ 14.

Besondere Befugnisse des Bundesrats.

Der Bundesrat ist ermächtigt, für die ersten zwei I Jahre nach dem Inkrafttreten dieses Gesetzes für einzelne Arten der im § 12 bezeichneten Werkstätten, in denen durch elementare Kraft bewegte Triebwerke nicht bloß vorübergehend zur Verwendung kommen, und der im § 13 Abs. 1 bezeichneten Werkstätten Ausnahmen von den daselbst vorgesehenen Bestimmungen zuzulassen.

Nach Ablauf dieser Zeit kann der Bundesrat II für einzelne Arten der im § 12 bezeichneten Werkstätten mit Motorbetrieb die Beschäftigung eigener Kinder nach Maßgabe der Bestimmungen im § 13 Abs. 1 unter der Bedingung gestatten, daß die Kinder nicht an den durch die Triebkraft bewegten Maschinen beschäftigt werden dürfen. Auch kann der Bundesrat für einzelne Arten der im § 13 Abs. 1 bezeichneten Werkstätten Ausnahmen von dem Verbote der Beschäftigung von Kindern unter zehn Jahren zulassen, sofern die Kinder mit besonders leichten und ihrem Alter angemessenen Arbeiten beschäftigt werden; die Beschäftigung darf nicht in der Zeit zwischen acht Uhr Abends und acht Uhr Morgens stattfinden; um Mittag ist den Kindern eine mindestens zweistündige Pause zu gewähren, am Nachmittage darf die Beschäftigung erst eine Stunde nach beendetem Unterrichte beginnen. Die Ausnahmebestimmungen können allgemein oder für einzelne Bezirke erlassen werden.

1. Materialien: Reg.Entw. S. 4, 22, Komm.Ber. S. 32, Stenogr. Berh. S. 7619, 8833. Vgl. auch Begründung oben S. 17.

2. Geschichte: Vgl. Anm. 2 zu § 13. Die Kommission schied aus § 13 des Reg.Entw. den Abs. 4 aus und fügte ihn als neuen § 13a (jetzt § 14) unter wesentlicher Änderung seines Inhalts (s. Anm. 3) in das Gesetz ein. Der Reichstag nahm ihn in zweiter und dritter Beratung ohne Debatte an. In der Fassung des Reg.-Entw. lautete der § 13 Abs. 4:

> „Der Bundesrat ist ermächtigt, für die ersten fünf Jahre nach dem Inkrafttreten dieses Gesetzes für einzelne Arten der im Abs. 1 bezeichneten Werkstätten Ausnahmen von den daselbst vorgesehenen Bestimmungen zuzulassen. Nach Ablauf dieser Zeit kann der Bundesrat für einzelne Arten dieser Werkstätten allgemein oder für einzelne Bezirke Ausnahmen von dem Verbote der Beschäftigung von Kindern unter 10 Jahren zulassen, sofern die Kinder mit besonders leichten und

ihrem Alter angemessenen Arbeiten beschäftigt werden; die Beschäftigung darf nicht in der Zeit zwischen 8 Uhr abends und 8 Uhr morgens stattfinden."

3. Die Befugnisse des Bundesrats sollten sich nach dem Reg.Entw. (s. Anm. 2) darauf beschränken, Ausnahmen von den Vorschriften des § 13 zuzulassen. Ausnahmen von dem in § 12 enthaltenen Verbot waren nicht vorgesehen. Den Anlaß für ihre Zulassung gaben die in der Kommission bereits zu § 12 erörterten Verhältnisse der mechanischen Hausweberei im Badischen Schwarzwald, für deren Berücksichtigung auch ein Vertreter der verbündeten Regierungen eintrat (vgl. Anm. 2 und 4 zu § 12). Andererseits erhob sich in der Kommission gegen die Zulassung dieser Ausnahmen lebhafter Widerspruch. Es wurde bemerkt, daß durch diese Bestimmung zu Gunsten der Webereien im Badischen Schwarzwalde die Kinder schutzlos gelassen würden, regierungsseitig aber erwidert, es seien genügende Kautelen vorhanden, daß den Kindern auch bei Zulassung der Ausnahmen der nötige Schutz gewahrt bliebe. Nach § 14 in seiner jetzigen Fassung kann der Bundesrat Ausnahmen zulassen:

a) nur für eigene nicht für fremde Kinder (§§ 2, 3);

b) nur für Werkstätten und zwar sowohl für solche mit Motorbetrieb, soweit sie nicht unter § 4 fallen (§ 12), als auch für solche, in denen die Beschäftigung nicht nach § 12 verboten ist (§ 13), dagegen nicht für die sonst im § 12 verbotenen Beschäftigungsarten (bei den in § 4 genannten Bauten aller Art usw.) und auch nicht für das Handels- und Verkehrsgewerbe (§ 13);

c) nur für einzelne Arten der unter b bezeichneten Werkstätten, nicht für die gesamte Hausindustrie unterschiedslos;

d) sowohl für die Übergangszeit von 2 Jahren bis zum 1. Jan. 1906 (s. Anm. 4 und unten § 31) — der

Reg.Entw. sah 5 Jahre vor, s. Anm. 2 —, als auch nach Ablauf der Übergangszeit dauernd (s. Anm. 6), für diesen Fall aber nur unter Beachtung der in Abs. 2 vorgesehenen, für Abs. 1 nicht geltenden Beschränkungen;

e) nicht für die Arbeit an Sonn- und Festtagen (§ 13 Abs. 3).

Absatz 1.

4. für die ersten zwei Jahre: Abs. 1 regelt die dem Bundesrat im Interesse der Hausindustrie zur Erleichterung der Überleitung in die durch das Gesetz geschaffenen neuen Verhältnisse gewährten Befugnisse. Der Bundesrat ist hier an die in Abs. 2 vorgesehenen Beschränkungen nicht gebunden, sondern kann die Ausnahmebestimmungen nach freiem Ermessen treffen. Vgl. im übrigen Anm. 3 unter d.

5. Die nach Abs. 1 vom Bundesrat zu erlassenden Vorschriften sind inzwischen ergangen und durch Bekanntmachung des Reichskanzlers v. 17. Dez. 1903 (RGBl. S. 312) veröffentlicht. Sie sind unten im Anhang unter I (S. 121) nebst der Anlage (Werkstättenverzeichnis) abgedruckt. Sie enthalten

a) unter I Ausnahmen von der Vorschrift im § 12 in örtlich und sachlich sehr beschränktem Umfange, nämlich örtlich nur für den Regierungsbezirk Düsseldorf und den badischen Kreis Waldshut und sachlich nur für Werkstätten der Bandweberei (Düsseldorf) und der Weberei (Waldshut) und nur für die Beschäftigung eigener Kinder mit Spulen (aber auch mittels Spulmaschinen, die durch elementare Kraft betrieben werden) und zwar für beide Bezirke gleicherweise nur unter drei einschränkenden, unter 1—3 zu I der Bek. aufgezählten Bedingungen, welche das Alter der Kinder (Vollendung des 10. Jahres), die Belegenheit und den Umfang des Betriebes (Werkstätten von nicht mehr als 3 Webestühlen und im selben Hause, wie die Wohnung) und die Zeit der Beschäftigung (wie im § 13 Abs. 1) betreffen;

b) unter II Ausnahmen von der Vorschrift des § 13 Abs. 1 für eigene Kinder über 8 Jahre, für gewisse Arten der Beschäftigung (Spalte 3 des Verzeichnisses) in Werkstätten bestimmter Gewerbearten (Spalte 1 u. 2 das.) innerhalb genau begrenzter Bezirke (Spalte 4 das.) und unter Beachtung der sonstigen Beschränkungen des Abs. 1. Die Ausnahme betrifft also nur die Herabsetzung des Schutzalters für eigene Kinder von 10 auf 8 Jahre in räumlich und sachlich beschränktem Umfange, im Betriebe von Werkstätten und berührt nicht die auf die Beschäftigungszeit und die Pausen bezüglichen Schutzvorschriften.

Absatz 2.

6. Nach Ablauf dieser Zeit: Abs. 2 regelt die Voraussetzungen für die auf die Dauer zu treffenden Ausnahmebestimmungen. Vgl. Anm. 3. Diese Vorschriften sind noch nicht erlassen und auch erst gegen Ablauf der Übergangszeit zu erwarten. Der Bundesrat ist hier im Gegensatz zum Abs. 1 in folgender Beziehung beschränkt:

a) In Werkstätten mit Motorbetrieb (§ 12) dürfen nur eigene Kinder über 10 Jahre und nur unter den im § 13 Abs. 1 vorgesehenen Beschränkungen und nicht an den durch die Triebkraft bewegten Maschinen zur Beschäftigung zugelassen werden.

b) Für die im § 13 Abs. 1 bezeichneten Werkstätten darf die Beschäftigung eigener Kinder unter zehn Jahren, sofern es sich um besonders leichte und ihrem Alter angemessene Arbeiten handelt, nachgelassen, von den übrigen im § 13 Abs. 1 aufgestellten Beschränkungen aber keine Ausnahme zugelassen werden, und zwar gelten diese Beschränkungen in gleicher Weise auch für die zur Beschäftigung zugelassenen Kinder unter zehn Jahren. Ein Mindestalter für die Zulassung normiert das Gesetz nicht. Der Bundesrat hat es nach Maßgabe der in Betracht kommenden Arbeiten festzusetzen,

Die Begründung S. 22 rechtfertigt diese Ausnahme damit, daß das Verbot der Beschäftigung aller Kinder unter zehn Jahren besonders tief in die häuslichen Verhältnisse eingreife und auch Werkstätten treffe, in denen die Kinder leicht und ihrem Alter angemessen beschäftigt würden.

7. allgemein oder für einzelne Bezirke: Vgl. dazu auch die Vorschrift in Abs. 5 des § 139a der GO. (s. unten S. 169, sowie § 120e daselbst und oben § 4 Abs. 2). Auf Grund des § 139a GO. hat der Bundesrat eine auf einen bestimmten Bezirk — den Regierungsbezirk Oppeln — beschränkte Vorschrift und zwar für die Beschäftigung von Arbeiterinnen auf Steinkohlenbergwerken usw. erlassen (vgl. Bekanntmachung v. 20. März 1902, RGBl. S. 77).

8. Strafvorschrift für die Übertretung der vom Bundesrat erlassenen Bestimmungen in § 25.

§ 15.

Beschäftigung bei öffentlichen theatralischen Vorstellungen und anderen öffentlichen Schaustellungen.

Auf die Beschäftigung eigener Kinder bei öffentlichen theatralischen Vorstellungen und anderen öffentlichen Schaustellungen finden die Bestimmungen des § 6 Anwendung.

Materialien: Reg.Entw. S. 5, 23, Komm.Ber. S. 32, Stenogr. Verh. S. 7619, 8833. Vgl. auch die Begründung oben S. 17.

§ 15 (§ 14 des Reg.Entw.) wurde von der Kommission und in zweiter und dritter Beratung vom Reichstag unverändert angenommen.

Vgl. die Anmerkungen zu § 6.

Strafvorschrift in § 25.

§ 16.

Beschäftigung im Betriebe von Gast- und von Schankwirtschaften.

Im Betriebe von Gast- und von Schankwirtschaften dürfen Kinder unter zwölf Jahren überhaupt nicht, und Mädchen (§ 2) nicht bei der Bedienung der Gäste beschäftigt werden. Die untere Verwaltungsbehörde ist befugt, nach Anhörung der Schulaufsichtsbehörde in Orten, welche nach der jeweilig letzten Volkszählung weniger als zwanzigtausend Einwohner haben, für Betriebe, in welchen in der Regel ausschließlich zur Familie des Arbeitgebers gehörige Personen beschäftigt werden, Ausnahmen zuzulassen. Im Übrigen finden auf die Beschäftigung von eigenen Kindern die Bestimmungen des § 13 Abs. 1 Anwendung.

1. Materialien: Reg.Entw. S. 5, 23, Komm.Ber. S. 33, Stenogr. Verh. S. 5012, 7619, 8833. Vgl. auch Begründung oben S. 29.

2. Geschichte: § 16 — im Reg.Entw. § 15 — ist von der Kommission umgestaltet und in der dritten Beratung des Reichstags nach dem Antrag Nr. 840 — Graf Bernstorff — nochmals geändert. Der Reg.Entw. lautete:

„Die Beschäftigung eigener Kinder im Betriebe von Gast- und von Schankwirtschaften ist gestattet. Durch Polizeiverordnungen der zum Erlasse solcher berechtigten Behörden kann die Beschäftigung beschränkt werden. Auch kann die Beschäftigung von Knaben unter 12 Jahren und die Beschäftigung von Mädchen (§ 2) bei der Bedienung der Gäste verboten werden."

Die Begründung erachtete allgemeine Bestimmungen für entbehrlich, weil eine solche Verwendung der eigenen Kinder hauptsächlich in kleineren, zumal ländlichen Betrieben Platz greife.

In der Kommission wurde die Gefahr der Kinderarbeit in Wirtschaften — Verleitung zum Trinken, Sehen und Hören ungeeigneter Dinge — besonders betont (vgl. auch Stenogr. Verh. S. 5012) und § 16 deshalb an Stelle des Reg.Entw. in obiger Fassung, jedoch ohne den 2. Satz: „Die" bis „zuzulassen" angenommen. Der in zweiter Beratung des Plenums gestellte Antrag Nr. 834, 835 wurde zurückgezogen. In dritter Beratung wurde Satz 2 nach dem Antrag Nr. 840 eingefügt und in Satz 3 die Streichung der Worte „über 12 Jahre" hinter „Kindern" beschlossen. Der Antrag Gothein Nr. 926, der die Beschäftigung eigener Kinder unter 12 Jahren „aushülfsweise und mit gelegentlichen Hülfsleistungen" kraft gesetzlicher Bestimmung zulassen wollte, wurde zurückgezogen.

3. Die Bestimmungen des § 16 für eigene Kinder verhalten sich zu denen des § 7 für fremde Kinder wie folgt:

a) die Verbotsbestimmung in Satz 1 des § 7 (s Anm. 5 u. 6 zu § 7) gilt nach Satz 1 des § 16 in gleicher Weise für eigene Kinder. Von dieser Regel ist nach Satz 2 in beschränktem Umfange eine Ausnahme zulässig (s. Anm. 4);

b) für die Kinder, deren Beschäftigung nach a überhaupt gestattet ist, greifen, wenn sie eigene sind, nicht die Bestimmungen des § 5 Abs. 2, sondern die des § 13 Abs. 1 Platz. Sie dürfen also auch über drei, in den Ferien über vier Stunden beschäftigt werden, was für fremde Kinder untersagt ist (s. § 13 Anm. 3 unter b). Im übrigen bestehen keine Unterschiede.

c) die in § 20 Abs. 2 den Ortspolizeibehörden eingeräumte Befugnis zu weitergehenden Einschränkungen besteht sowohl für den Fall des § 7 als auch für den des § 20.

4. die untere Verwaltungsbehörde ist befugt: vgl. § 22 und wegen der Einschiebung dieses Satzes in dritter Beratung Anm. 2. Diese von mehreren Seiten bekämpfte Ausnahmebestimmung ist getroffen, um in ländlichen Verhältnissen, in denen die Gaststube nicht selten zugleich Wohnstube ist, gelegentliche Handreichungen der Kinder und sodann auch ihren Beistand bei ausnahmsweiser Inanspruchnahme der Wirtschaft (z. B. bei unerwartetem Eintreffen einer größeren Anzahl Touristen in der Reisezeit) zu ermöglichen. Dabei ist seitens der unteren Verwaltungsbehörde zu beachten:

a) die Anhörung der Schulaufsichtsbehörde: Vgl. § 6 Anm. 8, § 8 Anm. 8 und § 22. Die Anhörung wird nicht bezüglich der Verhältnisse der einzelnen Betriebe, sondern bezüglich der Zulässigkeit der Ausnahme mit Rücksicht auf die örtlichen Verhältnisse im allgemeinen zu erfolgen haben. „Anhörung" ist nicht „Zustimmung";

b) die Zulassung von Ausnahmen ist nur für Orte unter 20 000 Einwohnern (die Unterscheidung zwischen Orten über und unter 20 000 Einwohnern findet sich u. a. auch in § 139 c der GO. bezüglich der Ruhezeit der Gehülfen in offenen Verkaufsstellen) gestattet und auch in diesen nur für solche Betriebe, welche in der Regel keine fremden Hülfspersonen, solche vielmehr nur ausnahmsweise und in außergewöhnlichen Fällen beschäftigen;

c) die Bestimmungen des § 13 Abs. 1 (vgl. oben Anm. 3 unter b) gelten auch für die Ausnahmen. Die Worte „über 12 Jahre" in Satz 3 wurden in dritter Beratung gestrichen (s. Anm. 2). Nur das kann zugelassen werden, daß Kinder unter 12 oder Mädchen unter 14 Jahren (Satz 1) beschäftigt werden;

Grundsätze für die Bewilligung dieser Ausnahmen sind in der Ausf.Anw. zu F 22, unten S. 148, aufgestellt.

5. Soweit § 14 die Beschäftigung eigener Kinder überhaupt zuläßt, ist sie — anders wie nach den §§ 7 u. 9 für fremde Kinder — auch an Sonn- und Festtagen gestattet; s. Anm. 3 zu § 9 und Anm. 6 zu § 13.

6. Nach § 30 steht § 16 weitergehenden landesrechtlichen Beschränkungen nicht entgegen.

7. Strafvorschrift in § 25.

§ 17.

Beschäftigung beim Austragen von Waren und bei sonstigen Botengängen.

I Auf die Beschäftigung beim Austragen von Zeitungen, Milch und Backwaren finden die Bestimmungen im § 8, § 9 Abs. 3 dann Anwendung, wenn die Kinder für Dritte beschäftigt werden.

II Im Übrigen ist die Beschäftigung von eigenen Kindern beim Austragen von Waren und bei sonstigen Botengängen gestattet. Durch Polizeiverordnungen der zum Erlasse solcher berechtigten Behörden kann die Beschäftigung beschränkt werden.

1. Materialien: Reg.Entw. S. 5, 23, Komm.Ber. S. 33, Stenogr. Berh. S. 7623, 8836. Vgl. auch Begründung oben S. 29.

2. Geschichte: § 17 — im Reg.Entw. § 16 — wurde von der Kommission unter Ablehnung mehrerer Abänderungsanträge und sodann in zweiter und dritter Beratung vom Reichstag unverändert angenommen.

Absatz 1.

3. wenn die Kinder für Dritte beschäftigt werden: In diesem Falle gelten also die gleichen

Schutzvorschriften wie für fremde Kinder (s. § 8 Anm. 3), auch wegen der Sonntagsruhe (s. § 9 Anm. 3). Dagegen finden mangels einer ausdrücklichen Vorschrift im Gesetz die Bestimmungen der §§ 10 (Anzeige) und 11 (Arbeitskarte) hier keine Anwendung (s. § 10 Anm. 3). Vgl. im übrigen die Begründung oben S. 30. Anschließend daran bemerkt der Entwurf zu § 17: „Danach tritt hier zu den eigentlichen Fällen der Beschäftigung für Dritte, d. h. zu den Fällen, wo die Eltern den Kindern lediglich die elterliche Wohnung zu der von diesen selbst übernommenen Arbeit zur Verfügung stellen, oder wo die Mitwirkung der Eltern sich im wesentlichen darauf beschränkt, eine durch die Kinder im elterlichen Hause auszuführende Arbeitsleistung zu übernehmen, die weitere Gestaltung der Beschäftigung hinzu, daß die Kinder den Eltern bei dem von diesen übernommenen und mitverrichteten Austragen von Milch, Zeitungen oder Backwaren helfen. Diese Gestaltung hat zwar manche Ähnlichkeit mit der als Beschäftigung eigener Kinder anzusehenden Verwendung der Kinder in einem von den Eltern übernommenen Betriebe (§ 13). Allein einmal sind beim Austragen die Eltern nicht als Betriebsinhaber, sondern als Bedienstete eines anderen Betriebes anzusehen, sodann mangelt es hierbei an dem durch die ständige elterliche Aufsicht und Mitarbeit in der Werkstätte oder Wohnung (§ 3 Abs. 3) gegebenen Schutze der Kinder, endlich würde jede Möglichkeit fehlen, die Durchführung der Beschränkung der Kinderbeschäftigung beim Austragen zu überwachen, wenn die Beschäftigung der von einem der Eltern zur Hülfe beim Austragen von Zeitungen, Milch, Backwaren für Dritte mitgenommenen Kinder nicht den gleichen Vorschriften, wie die Beschäftigung fremder Kinder unterworfen würde." Vgl. auch Anm. 4 und § 3 Anm. 11, sowie wegen der Zulassung von Ausnahmen gemäß § 8 Abs. 2 die Ausf.Anw. zu C 8, unten S. 140.

Absatz 2.

4. Die Beschäftigung eigener Kinder beim Austragen von Waren und bei sonstigen Botengängen ist, sofern es sich nicht um das Austragen von Zeitungen, Milch und Backwaren für Dritte (Abs. 1) handelt, aus den oben S. 30 angegebenen Gründen durch das Gesetz keinerlei Beschränkungen unterworfen, also auch dann nicht, wenn Milch, Backwaren oder Zeitungen von Kindern für den eigenen (Milch-, Bäckerei-, Zeitungs-) Betrieb ihrer Eltern ausgetragen werden, und auch nicht in solchen Betrieben, in denen die Kinderarbeit sonst verboten ist. Insoweit (Abs. 2) ist auch die Beschäftigung an Sonn- und Festtagen nicht beschränkt (s. Anm. 3 zu § 9).

5. durch Polizeiverordnungen der zum Erlasse solcher berechtigten Behörden: Die Beschränkung kann außer im Falle des § 20 nur durch Polizeiverordnungen, nicht durch polizeiliche Verfügungen erfolgen. Solche Verordnungen werden im wesentlichen nur für die Großstädte in Frage kommen, vgl. die Begründung oben S. 30. Über das Polizeiverordnungsrecht in Preußen und die zuständigen Behörden vgl. die §§ 136—145 des Gesetzes über die allgemeine Landesverwaltung vom 30. Juli 1883 (GS. S. 195) und die im § 137 das. bezeichneten Gesetze sowie ferner Rosin, das Polizeiverordnungsrecht in Preußen.

6. kann die Beschäftigung beschränkt werden: eine Grenze für die Beschränkung ist im Gesetz nicht vorgesehen. Die Polizeiverordnung darf aber nicht bis zum völligen Verbot der Kinderbeschäftigung gehen und wird ferner die Bestimmungen in den §§ 8 u. 9 Abs. 3 zu beachten haben, da es dem Grundgedanken des Gesetzes nicht entsprechen würde, die Beschäftigung eigener Kinder mehr einzuschränken, als die fremder Kinder.

7. Strafvorschrift in § 25. Vgl. deswegen die Begründung oben S. 33.

IV. Gemeinsame Bestimmungen.

§ 18.

Werkstätten im Sinne dieses Gesetzes.

Als Werkstätten gelten neben den Werkstätten im Sinne des § 105b Abs. 1 der Gewerbeordnung auch Räume, die zum Schlafen, Wohnen oder Kochen dienen, wenn darin gewerbliche Arbeit verrichtet wird, sowie im Freien gelegene gewerbliche Arbeitsstellen.

1. Materialien zu den §§ 18 bis 22 (im Reg.-Entw. §§ 17 bis 21): Reg.Entw. S. 5, 23, Komm.Ber. S. 34 bis 38. Stenogr. Berh. S. 7623, 8837. Vgl. auch Begründung oben S. 17.

2. Geschichte: § 18 wurde in der Fassung der Reg.Vorlage von der Kommission und sodann ohne Debatte in zweiter und dritter Beratung auch vom Reichstag unverändert angenommen.

Eine Petition der Handelskammer zu Villingen, mit Rücksicht auf die eingehend geschilderten Verhältnisse der Hausindustrie im Schwarzwalde von so eingreifenden Bestimmungen wie das Gesetz und der § 18 sie enthalte, für die Hausindustrie oder wenigstens für die Uhrenindustrie, die sonst werde zerstört werden, abzusehen, und es bei der Ermächtigung des Bundesrats bewenden zu lassen, für diejenigen Industrien oder Gegenden, in denen Mißbräuche offenbar geworden seien, eine besondere Verordnung zu erlassen, gab der Kommission keine Veranlassung zur Abänderung des § 18.

3. Als Werkstätten gelten: Die im § 18 getroffene Bestimmung bezweckt, den voraussichtlich gerade auf dem Gebiete der Hausindustrie in Beziehung auf die Unterstellung der fraglichen Räume und Arbeits-

stellen unter den Begriff „Werkstätten" zu erwartenden Zweifeln zu begegnen. In der Kommission entspann sich über den Begriff „Werkstätte" eine längere Debatte. Gegenüber dem Wunsche mehrerer Mitglieder der Kommission, regierungsseitig möge der Begriff der Werkstätte, wenn nicht im Gesetz, so doch im Protokoll festgelegt werden, führte ein Regierungsvertreter aus, der Begriff der Werkstätte lasse sich ebensowenig festlegen wie derjenige des Gewerbes; man müsse die Entscheidung wie für das Gebiet der Gewerbeordnung, so auch für den vorliegenden Entwurf dem Richter überlassen. Nur insoweit habe das vorliegende Gesetz selbst Entscheidung treffen müssen, als es auch die in § 18 speziell benannten Räume und Arbeitsstellen zu den Werkstätten gerechnet sehen wolle. Daß durch diese Bestimmung, die wegen der Verhältnisse in der Hausindustrie erforderlich geworden sei, der Begriff der Werkstätte im Sinne dieses Gesetzes ein weiterer geworden sei als der Begriff der Werkstätte im Sinne der GO., liege auf der Hand (vgl. deswegen aber auch Anm. 4). Unter § 18 fallen nur gewerbliche Werkstätten (s. § 1 Anm. 5).

4. Werkstätte im Sinne des § 105b Abs. 1 der GO. (s. unten S. 163) ist ein Raum, der ausschließlich oder vorzugsweise für die Arbeiten des Gewerbebetriebes, insbesondere also zur Herstellung oder zur Bearbeitung von Gegenständen dient. Ob der Raum bedeckt oder unbedeckt (im Freien) ist, und ob er gleichzeitig zum Wohnen, Schlafen oder Kochen benutzt wird, macht keinen Unterschied, ebensowenig, ob er dem Gewerbetreibenden gehört oder nicht, sofern dieser nur über einen bestimmten Platz darin für die Ausübung seines Gewerbes verfügt. Unwesentlich ist auch, ob maschineller oder Handbetrieb stattfindet und ob Rohstoffe oder fertige Fabrikate (z. B. Wäsche in einer Waschanstalt) bearbeitet werden. Unter den Begriff „Werkstätte" fallen auch Barbierstuben, da sie für die Arbeiten des Gewerbe-

betriebes bestimmt sind, wenn in ihnen auch eine Herstellung oder Bearbeitung von Sachen nicht stattfindet, ebenso auch die Badeanstalten. Prinzipiell sind danach auch die im § 18 genannten Räume von dem Begriff „Werkstätten“ im Sinne des § 105 b Abs. 1 GO. nicht ausgeschlossen, die ausdrückliche Vorschrift des § 18 gibt aber für die Entscheidung in Zweifelsfällen eine zuverlässigere Grundlage (vgl. Anm. 3).

5. Fabriken unterscheiden sich von bloßen Werkstätten durch die Größe der Anlage, die Zahl der beschäftigten Arbeiter, die Art und den Umfang der Produktion (Arbeitsteilung, Massenherstellung auf Vorrat oder Lager, Beschränkung des Unternehmers auf die Leitung).

§ 19.

Abweichungen von der gesetzlichen Zeit.

Beträgt der Unterschied zwischen der gesetzlichen Zeit und der Ortszeit mehr als eine Viertelstunde, so kann die höhere Verwaltungsbehörde bezüglich der in diesem Gesetze vorgesehenen Bestimmungen über Anfang und Ende der zulässigen täglichen Arbeitszeit für ihren Bezirk oder einzelne Teile desselben Abweichungen von der Vorschrift über die gesetzliche Zeit in Deutschland (Gesetz vom 12. März 1893, Reichs-Gesetzbl. S. 93) zulassen. Die Abweichungen dürfen nicht mehr als eine halbe Stunde betragen. Die gesetzlichen Bestimmungen über die zulässige Dauer der Beschäftigung bleiben unberührt.

1. Materialien: S. § 18 Anm. 1. § 19 (im Reg.-Entw. § 18) wurde ohne Debatte von der Kommission und ebenso in zweiter und dritter Beratung vom Reichstag unverändert angenommen.

2. Die im § 19 vorgesehenen Bestimmungen über Abweichungen von der mitteleuropäischen Zeit sind der Vorschrift des Gesetzes vom 31. Juli 1895 (RGBl. S. 426), das bezüglich der Zeitbestimmungen im Tit. VII der GO. (Gewerbliche Arbeiter) und in den hierauf beruhenden Ausführungs- und Ausnahmebestimmungen der höheren Verwaltungsbehörde entsprechende Befugnisse gewährt, nachgebildet.

3. Höhere Verwaltungsbehörde: Für den Landespolizeibezirk Berlin der Polizeipräsident, im übrigen der Regierungspräsident, für die der Aufsicht der Bergbehörden unterstehenden Betriebe das Oberbergamt. Vgl. § 22 u. Ausf.Anw. zu A 1, unten S. 138.

4. Das Gesetz v. 12. März 1893 bestimmt:

„Die gesetzliche Zeit in Deutschland ist die mittlere Sonnenzeit des fünfzehnten Längengrades östlich von Greenwich."

§ 20.

Besondere polizeiliche Befugnisse.

I Die zuständigen Polizeibehörden können im Wege der Verfügung eine nach den vorstehenden Bestimmungen zulässige Beschäftigung, sofern dabei erhebliche Mißstände zu Tage getreten sind, auf Antrag oder nach Anhörung der Schulaufsichtsbehörde für einzelne Kinder einschränken oder untersagen sowie, wenn für das Kind eine Arbeitskarte erteilt ist (§ 11), diese entziehen und die Erteilung einer neuen Arbeitskarte verweigern.

II Die zuständigen Polizeibehörden sind ferner befugt, zur Beseitigung erheblicher, die Sittlichkeit gefährdender Mißstände im Wege der Verfügung für einzelne Gast- oder Schankwirtschaften die Beschäftigung von Kindern weiter einzuschränken oder zu untersagen.

1. Materialien: S. § 18 Anm. 1.

2. Geschichte: Der Reg.Entw. (§ 19) enthielt nur den Abs. 2 mit dem Zusatz hinter „Schankwirtschaften": „und für einzelne Unternehmer öffentlicher theatralischer Vorstellungen und anderer öffentlicher Schaustellungen" und begründete diese Bestimmung mit der Eigenart der angeführten Betriebe, welche die Beschränkung und sogar das völlige Verbot der Kinderarbeit in ihnen unter Umständen erforderlich erscheinen lassen könne. Die Kommission gab dem § 20 durch Einfügung des Absatzes 1 und Abänderung des Absatzes 2 die obige Fassung, die der Reichstag in zweiter und dritter Beratung ohne Debatte unverändert annahm (vgl. auch Anm. 7).

2a. Die zuständigen Polizeibehörden: Die Ortspolizeibehörden. Ortspolizeibehörde ist derjenige Beamte oder diejenige Behörde, welchen die Verwaltung der örtlichen Polizei obliegt. Vgl. § 22 u. Ausf.Anw. zu A 5 u. 6, unten S. 138. Die Ausf.Anw. enthält unter G 23—25 auch eingehende Vorschriften über die Ausübung der polizeilichen Befugnisse im Fall des § 20.

3. Für einzelne Kinder einschränken oder untersagen: und zwar sowohl für fremde als auch für eigene Kinder. Voraussetzung ist, daß bei der Beschäftigung dieser Kinder erhebliche Mißstände zutage getreten sind. Die bloße Befürchtung, daß solche künftig zutage treten werden, genügt nicht. Die Mißstände können auf sittlichem Gebiete liegen, aber auch, anders wie im Abs. 2, auf dem Gebiet der Gesundheit, des Verhaltens in der Schule usw. (vgl. auch Anm. 6).

4. Schulaufsichtsbehörde: Vgl. § 22.

5. Arbeitskarte: Vgl. § 11 Anm. 3 u. 4.

6. Für einzelne Gast- und Schankwirtschaften: Die Einschränkung oder Untersagung im Falle des Abs. 2 betrifft die Beschäftigung nicht einzelner bestimmter Kinder wie in Abs. 1, sondern von Kindern überhaupt für einzelne bestimmte Betriebe und zwar nur für Gast- und Schankwirtschaftsbetriebe behufs Beseitigung erheblicher, die Sittlichkeit gefährdender Mißstände. Mißstände anderer Art (s. Anm. 3) genügen nicht zum Erlaß einer Verfügung nach Abs. 2.

7. Über die Rechtsmittel gegen die nach § 20 ergehenden polizeilichen Verfügungen bestimmt das Gesetz nichts. Sie richten sich daher nach Landesrecht, in Preußen nach der Vorschrift des § 127 des Landesverwaltungs-Gesetzes v. 30. Juli 1883 (Beschwerde oder Klage im Verwaltungsstreitverfahren). In der Kommission war die Einfügung folgenden weiteren Absatzes beantragt:

> „Gegen die auf Grund dieser Bestimmung von den Polizeibehörden getroffenen Verfügungen ist Rekurs, jedoch ohne aufschiebende Wirkung an die nächstvorgesetzte Behörde zulässig. Wegen des Verfahrens und der Behörden gelten die Bestimmungen in den §§ 20 bis 21 der RGO. Das Rechtsmittel hat keine aufschiebende Wirkung. Es geht verloren, wenn der Rekurs nicht binnen 14 Tagen vom Tage der Eröffnung der Verfügung gerechtfertigt wird. Im übrigen finden auf das Verfahren die Bestimmungen in § 21 der RGO. Anwendung."

Durch diesen Antrag sollte die Möglichkeit gegeben werden, gegen polizeiliche Verfügungen nach Maßgabe des § 20 das Verwaltungsstreitverfahren unabhängig von der landesrechtlichen Regelung der Materie anzurufen. Die Kommission lehnte den Antrag aber ab, nachdem von einem Vertreter des Bundesrats ausgeführt war, es gehe zu weit, wegen Verweigerung einer Arbeitskarte die Anrufung der kollegialen Entscheidung der höchsten

Instanzen zuzulassen; es genüge das gewöhnliche Beschwerdeverfahren in Polizeisachen, welches nach Landesrecht, sofern nichts anderes ausdrücklich bestimmt sei, jedem offen stehe, der sich durch eine Polizeiverfügung beschwert fühle.

8. Strafvorschrift in § 24 Abs. 1 Ziff. 2 u. Abs. 2, sowie in § 25 Abs. 1 Ziff. 2 u. Abs. 2, je nachdem die Beschäftigung fremder oder eigener Kinder entgegen der Verfügung erfolgt.

§ 21.

Aufsicht.

I Insoweit nicht durch Bundesratsbeschluß oder durch die Landesregierungen die Aufsicht anderweitig geregelt ist, finden die Bestimmungen des § 139 b der Gewerbeordnung Anwendung.

II In Privatwohnungen, in denen ausschließlich eigene Kinder beschäftigt werden, dürfen Revisionen während der Nachtzeit nur stattfinden, wenn Tatsachen vorliegen, welche den Verdacht der Nachtbeschäftigung dieser Kinder begründen.

1. Materialien: s. § 18 Anm. 1 und ferner Stenogr. Verh. S. 5000—5002, 5014, 5017, 5049.

2. Geschichte: Der Reg.Entw. (§ 20) lautete: „Inwieweit auf die Aufsicht über die Ausführung dieses Gesetzes die Bestimmungen des § 139 b der GO. Anwendung finden, bestimmt der Bundesrat." Die Begründung bemerkte dazu: „Die Aufsicht über die Durchführung der Bestimmungen wird von den ordentlichen Polizeibehörden auszuüben sein. Daneben soll durch § 20 der Bundesrat ermächtigt werden zu bestimmen, inwieweit die Vorschriften des § 139 b GO. Anwendung finden sollen."

Die Kommission nahm nach Einfügung des Abs. 2 und Abänderung des Abs. 1 den § 21 einstimmig in der obigen Fassung an und dem trat der Reichstag in zweiter und dritter Beratung ohne Debatte bei.

Absatz 1.

3. Nach Abs. 1 ist die Geltung des § 139 b im Gegensatz zum Reg.Entw. (s. Anm. 2) zum Regelfall gemacht. Schon in der ersten Beratung des Reichstags wurden die Gewerbeaufsichtsbeamten, um der Bevölkerung Schutz gegen Übergriffe und Parteilichkeit zu sichern, als die für die Aufsicht geeignetsten Beamten bezeichnet. § 139 b (s. unten S. 171) bestimmt, daß die Aufsicht ausschließlich oder neben den ordentlichen Polizeibehörden besonderen von den Landesregierungen zu ernennenden Beamten zu übertragen ist. Regierungsseitig wurde in der Kommission bemerkt, es werde bei Erfüllung des Wunsches, daß die Aufsicht den Gewerbeaufsichtsbeamten übertragen werden möge, eine bedeutende Vermehrung der Aufsichtsbeamten nötig werden. Ob hierbei, wie von einer Seite angeregt war, auch Frauen zuzuziehen seien, darüber sei von den Landesregierungen zu befinden. Wesentlicher Wert müsse darauf gelegt werden, daß die Lehrer fortgesetzt ihre Aufmerksamkeit der Sache zuwendeten; sie würden in ihrem Vorgehen energisch durch das Gesetz unterstützt werden. Auch aus der Mitte der Kommission wurde bemerkt, die Schule sei zuerst in der Lage, die Überarbeit zu erkennen an den unausbleiblichen Folgen, welche sich beim Unterricht bemerkbar machten. Die direkte Betrauung der Lehrer mit der Aufsicht liege aber nicht im Interesse der Schule, da dadurch leicht Konflikte mit der Familie entstehen würden. Sie würden ihre Mitwirkung am besten auf dem Umwege durch die Schulbehörde, der sie über ihre Beobachtungen berichten möchten, ausüben. In den §§ 6, 8 und 20 des Gesetzes sei die Schulaufsichtsbehörde zur Teilnahme an den durch das

Gesetz gestellten Aufgaben ausdrücklich berufen. — Eine anderweite Regelung der Aufsicht durch Bundesratsbeschluß hat bisher nicht stattgefunden. Für Preußen ist die Aufsichtsführung durch die eingehenden Bestimmungen der Ausf.Anw. zu H 26—32, unten S. 151 geregelt worden. Danach wird die Aufsicht in den Fällen der Ziffer 26 a—e das. von den Ortspolizeibehörden allein wahrgenommen, im übrigen — insbesondere also in Beziehung auf Werkstätten — von ihnen und den Gewerbeaufsichtsbeamten.

4. Wegen der in § 139 b GO. bezeichneten Beamten ist in Preußen ergangen der Allerh. Erl. v. 27. April 1891, betr. die Anstellung von Regierungs- und Gewerberäten und die Organisation der Gewerbeinspektion, GS. S. 165, sowie die Vorbildungs- und Prüfungsordnung vom 7. Sept. 1897 nebst Ausf.Anw. vom 13. Nov. 1897, Min.Bl. 1898 S. 29, und die Dienstanweisung für die Gewerbeaufsichtsbeamten v. 23. März 1892, Min.Bl. S. 160, mit welcher die Anweisungen der meisten übrigen Bundesstaaten im wesentlichen übereinstimmen. Der § 6 dieser Anweisung lautet:

§ 6. „Die Gewerbeaufsichtsbeamten sollen in dem ihnen zugewiesenen Wirkungskreise in Ergänzung der den ordentlichen Polizeibehörden obliegenden Tätigkeit für eine möglichst vollständige und gleichmäßige Durchführung der Bestimmungen der Gewerbeordnung und der auf Grund ihrer erlassenen Vorschriften Sorge tragen. Dabei sollen sie ihre Aufgabe vornehmlich darin suchen, gestützt auf ihre Vertrautheit mit den gesetzlichen Bestimmungen, ihre technischen Kenntnisse und amtlichen Erfahrungen durch sachverständige Beratung und wohlwollende Vermittlung eine Regelung der Betriebs- und Arbeitsverhältnisse herbeizuführen, welche, ohne dem Gewerbeunternehmer unnötige Opfer oder zwecklose Beschränkungen aufzuerlegen, den Arbeitern den vollen durch das Gesetz ihnen zugedachten Schutz gewährt und das Publikum gegen gefährdende und belästigende Einwirkungen sicher stellt.

Arbeitgebern und Arbeitern sollen die Gewerbeaufsichtsbeamten die gleiche Bereitwilligkeit zur Vertretung ihrer berechtigten Interessen entgegenbringen und dadurch, wie durch die ganze Art ihrer amtlichen Tätigkeit eine Vertrauensstellung zu gewinnen suchen, welche sie zur Erhaltung und Förderung guter Beziehungen zwischen beiden mitzuwirken in den Stand setzt.

Die Arbeitgeber sollen sie bei Geltendmachung der Anforderungen des Gesetzes in deren Erfüllung bereitwillig unterstützen und auf Wunsch auch in der Ausführung von Einrichtungen, welche auf die Verbesserung der Lage der Arbeiter innerhalb und außerhalb des Betriebes abzielen, zu fördern suchen.

Wünsche und Beschwerden der Arbeiter sollen sie bereitwillig entgegennehmen und, falls sie sich von ihrer Berechtigung überzeugt haben, ihnen, soweit sie es nach ihrer amtlichen Stellung vermögen, Erfüllung und Abhilfe zu schaffen suchen. Die durch ihre amtliche Tätigkeit sich ihnen bietende Gelegenheit, sich über die Verhältnisse der Arbeiterbevölkerung ihres Amtsbezirks zu unterrichten, sollen sie sorgfältig benutzen und sich über die in diesen Verhältnissen eintretenden Veränderungen in fortlaufender Kenntnis erhalten."

Absatz 2.

5. Revisionen während der Nachtzeit: Der von der Kommission eingefügte Abs. 2 bezweckt, das Eindringen der Polizei in die Familie möglichst einzuschränken und ihr jedenfalls Schutz gegenüber mißbräuchlicher Vornahme von Nachtrevisionen zu gewähren. Zu beachten ist, daß Abs. 2 keine Anwendung findet: a) auf Werkstätten, die nicht zugleich als Wohnungen dienen; b) auf Wohnungen, in denen fremde Kinder

allein oder zugleich mit eigenen beschäftigt werden; c) auf Gast- und Schankwirtschaften. Welche Stunden als Nachtzeit anzusehen sind, bestimmt das Gesetz nicht. Nach § 188 CPO. umfaßt die Nachtzeit in dem Zeitraum vom 1. April bis 30. September die Stunden von 9 Uhr abends bis 4 Uhr morgens und in dem Zeitraum vom 1. Oktober bis 31. März die Stunden von 9 Uhr abends bis 6 Uhr morgens. Während dieser Zeit dürfen Zustellungen und Zwangsvollstreckungshandlungen regelmäßig nicht vorgenommen werden. Diese Spezialbestimmung kann hier aber keine Anwendung finden und ebensowenig die des § 137 der GO., wo die Nachtzeit, während der Arbeiterinnen in Fabriken nicht beschäftigt werden dürfen, als die Zeit von 8½ Uhr abends bis 5½ Uhr morgens bestimmt ist. Der Begriff der Nachtzeit wird sich vielmehr nach den tatsächlichen Verhältnissen zu richten haben, also die Zeit der Dunkelheit nach Sonnenuntergang bis vor Sonnenaufgang umfassen, wie dies auch für § 60c Abs. 2 der GO. (Verbot des Betretens fremder Häuser zur Nachtzeit durch Hausierer) und § 243 Ziff. 7 des StrGB. (Diebstahl zur Nachtzeit) ebenfalls zutrifft. Es ist nicht der Augenblick des Sonnenuntergangs, sondern der Eintritt der nächtlichen Dunkelheit infolge des Sonnenuntergangs maßgebend. RG. v. 27. Jan. 1885, Rspr. i. StrS. Bd. VII S. 56.

§ 22.

Zuständige Behörden.

Welche Behörden in jedem Bundesstaat unter der Bezeichnung: höhere Verwaltungsbehörde, untere Verwaltungsbehörde, Schulaufsichtsbehörde, Gemeindebehörde, Polizeibehörde, Ortspolizeibehörde zu verstehen sind, wird von der Zentralbehörde des Bundesstaats bekannt gemacht.

1. Materialien: s. § 18 Anm. 1.

2. Geschichte: Die Kommission schob in den § 22 (§ 21 des Reg.Entw.) das Wort „Schulaufsichtsbehörde" gemäß der von ihr zu den §§ 6, 8 und 20 gefaßten Beschlüsse ein. Mit dieser Abänderung wurde § 22 von ihr und ebenso in zweiter und dritter Beratung vom Reichstag angenommen.

3. § 22 entspricht der Bestimmung des § 155 der GO. Die Preuß. Ausf.Anw. vom 30. Nov. 1903 bestimmt unter A 1—6 (s. Anhang unten S. 138), welche Behörden in Preußen unter den genannten Bezeichnungen zu verstehen sind.

V. Strafbestimmungen.

§ 23.

I Mit Geldstrafe bis zu zweitausend Mark wird bestraft, wer den §§ 4 bis 8 zuwiderhandelt.

II Im Falle gewohnheitsmäßiger Zuwiderhandlung kann auf Gefängnisstrafe bis zu sechs Monaten erkannt werden.

III Der § 75 des Gerichtsverfassungsgesetzes findet Anwendung.

1. Materialien zu den §§ 23 bis 31 (im Reg.Entw. §§ 22—29): Reg.Entw. S. 6, 24, Komm.-Ber. S. 38—40, Stenogr. Verh. S. 7623, 8837. Vgl. auch Begründung oben S. 31, 32.

2. Geschichte: Abs. 1 u. 3 entsprechen dem Reg.-Entw. Abs. 2 wurde von der Kommission eingefügt. In dieser Fassung wurde § 23 ohne Debatte in zweiter und dritter Lesung vom Reichstag angenommen.

3. § 23 bedroht die Zuwiderhandlungen gegen die Vorschriften über die Beschäftigung fremder Kinder. Er entspricht dem § 146 der GO. (s. unten S. 172). Da die Zuwiderhandlung mit Geldstrafe von mehr als 150 Mark und nach Abs. 2 mit Gefängnis bedroht ist, so ist sie nach § 1 des StrGB. ein Vergehen (Mindeststrafe nach § 27 StrGB. 3 Mark). Nach § 67 a. a. O. verjährt daher die Strafverfolgung im Fall des Abs. 1 in 3 Jahren, im Fall des Abs. 2 in 5 Jahren. Sofern die nach Abs. 1 erkannte Geldstrafe nicht beigetrieben werden kann, ist sie nach Abs. 1 des § 28 StrGB. in Gefängnis umzuwandeln. Nach Abs. 2 kann sie jedoch dann in Haft umgewandelt werden, wenn die erkannte Strafe nicht den Betrag von 600 Mark und die an ihre Stelle tretende Freiheitsstrafe nicht die Dauer von 6 Wochen übersteigt. Den Maßstab der Umwandlung und den Höchstbetrag der an die Stelle der Geldstrafe tretenden Freiheitsstrafe bestimmt § 29 a. a. O. Vgl. auch Anm. 3 zu § 24. Der Täter haftet nicht nur für Vorsatz, sondern auch für Fahrlässigkeit.

4. gewohnheitsmäßig: wenn das Handeln einem durch Übung ausgebildeten selbsttätig fortwirkenden Hang, dessen Befriedigung dem Täter bewußt oder unbewußt zur Gewohnheit geworden ist, entspringt. RGE. i. Str. Bd. XXXII S. 396, Bd. XXXIV S. 310. Die Einfügung des Abs. 2 durch die Kommission (s. Anm. 2) entspringt der Absicht, gewohnheitsmäßiges Zuwiderhandeln besonders scharf zu treffen. Es kann auch statt auf Gefängnis auf Geldstrafe, nicht aber auf beides nebeneinander erkannt werden.

5. Abs. 3 ist gleichlautend mit Abs. 3 des § 146 GO. Nach § 75 des Gerichtsverf.Gesetzes kann die Strafkammer auf Antrag der Staatsanwaltschaft bei der Eröffnung des Hauptverfahrens die Verhandlung und Entscheidung dem Schöffengericht überweisen, wenn nach

den Umständen des Falles anzunehmen ist, daß auf keine höhere Strafe als auf Gefängnis von höchstens drei Monaten oder Geldstrafe von höchstens sechshundert Mark zu erkennen sein wird. — Das Schöffengericht ist aber im Fall der Überweisung befugt, abweichend von der Ansicht der Strafkammer, eine höhere Strafe als 3 Monat Gefängnis oder 600 Mark zu verhängen.

§ 24.

I Mit Geldstrafe bis zu sechshundert Mark wird bestraft:

1. wer dem § 9 zuwider Kindern an Sonn- und Festtagen Beschäftigung gibt;
2. wer den auf Grund des § 20 hinsichtlich der Beschäftigung fremder Kinder endgültig ergangenen Verfügungen zuwiderhandelt.

II Im Falle gewohnheitsmäßiger Zuwiderhandlung kann auf Haft erkannt werden.

1. Materialien: s. § 23 Anm. 1.

2. Geschichte: § 24 lautete nach dem Reg.Entw. (§ 23): „Mit Geldstrafe bis zu 600 Mark wird bestraft: 1. wer dem § 9 zuwider Kindern an Sonn- und Festtagen Beschäftigung gibt; 2. wer den §§ 12 bis 14, § 16 Abs. 1 zuwiderhandelt; 3. wer den auf Grund des § 19 endgültig ergangenen Verfügungen oder den auf Grund des § 15 Abs. 2, § 16 Abs. 2 erlassenen Vorschriften zuwiderhandelt." Die Kommission schied die Fälle der Zuwiderhandlung gegen die Vorschriften über die Beschäftigung eigener Kinder hier aus und stellte sie in dem neugebildeten § 25 als Übertretungen (§ 1 StrGB.) unter Strafe. Dafür wurde geltend gemacht, daß eine geringe Strafe für die hier betroffenen

kleinen Leute schon als sehr bedeutend erscheine, zumal jede auch nur gelegentliche gewerbliche Beschäftigung ihr unterliege. Die gewohnheitsmäßige Zuwiderhandlung sei scharf zu treffen, sonst aber jede unnötige Härte zu vermeiden. Das Gesetz werde nur dann segensreich wirken, wenn es beim Volke nicht verhaßt sei. Dies werde aber sicher die Folge zu großer Schärfe sein. Der Reichstag nahm § 24 und den neugebildeten § 25 in der Fassung der Kommission ohne Debatte in zweiter und dritter Beratung unverändert an.

3. § 24 bedroht ebenso wie § 23 nur die Zuwiderhandlungen gegen die Vorschriften über die Beschäftigung fremder Kinder (s. Anm. 2). Er entspricht dem § 146a der GO. (s. unten S. 172). Da die Zuwiderhandlung in Abs. 1 mit Geldstrafe von mehr als 150 Mark bedroht ist, so ist sie nach § 1 des StrGB. ein Vergehen (Mindeststrafe nach § 27 StrGB. 3 Mark). Nach § 28 unten verjährt die Strafverfolgung aber, entsprechend der für § 146a GO. in § 145 Abs. 2 daselbst getroffenen Bestimmung binnen drei Monaten, also gleich der Strafverfolgung von Übertretungen. Die Verjährung beginnt nach § 67 Abs. 4 StrGB. mit dem Tage, an welchem die Handlung begangen ist (vgl. auch § 23 Anm. 3).

4. endgültig ergangenen Verfügungen: Bezüglich derer also das nach Landesrecht zulässige Beschwerdeverfahren zur Erledigung gelangt oder nicht zur Hand genommen ist. Der Strafrichter hat nur die Endgültigkeit (Rechtskraft), nicht die Notwendigkeit oder Zweckmäßigkeit der Verfügungen, die im Wege des § 127 des Landesverwaltungs-Gesetzes angefochten werden können, zu prüfen.

5. gewohnheitsmäßig: s. Anm. 4 zu § 23.

6. kann auf Haft erkannt werden: Der Höchstbetrag der Haft ist sechs Wochen, ihr Mindestbetrag ein Tag. Die Strafe besteht in einfacher Freiheitsentziehung

(§ 18 StrGB.). Das Wort „Haft" hatte die Kommission an Stelle der ursprünglich beantragten Worte „Gefängnisstrafe bis zu drei Monaten" gesetzt, da dies Strafmaß zu hoch und der Maximalstrafe von 600 Mark nicht entsprechend erscheine.

§ 25.

I Mit Geldstrafe bis zu einhundertfünfzig Mark wird bestraft:

1. wer den §§ 12 bis 16, § 17 Abs. 1 zuwiderhandelt;
2. wer den auf Grund des § 20 hinsichtlich der Beschäftigung eigener Kinder endgültig ergangenen Verfügungen oder den auf Grund des § 17 Abs. 2 erlassenen Vorschriften zuwiderhandelt.

II Im Falle gewohnheitsmäßiger Zuwiderhandlung kann auf Haft erkannt werden.

1. Materialien: s. § 23 Anm. 1 u. § 24 Anm. 2.

2. Im übrigen vgl. die Anm. 2 bis 6 zu § 24. Die im § 25 bedrohten Zuwiderhandlungen betreffen ausschließlich die Beschäftigung eigener Kinder. Sie sind nach § 1 StrGB. Übertretungen. Die Geldstrafe (Mindestbetrag nach § 27 StrGB. 1 Mark) ist daher, sofern sie nicht beigetrieben werden kann, in Haft umzuwandeln (§ 28 StrGB.). Die Strafverfolgung verjährt binnen drei Monaten (§ 67 StrGB.). Unter § 25 gehört auch der Fall des § 3 Abs. 3 des Gesetzes; vgl. die Begründung oben S. 33.

§ 26.

Mit Geldstrafe bis zu dreißig Mark werden Arbeitgeber bestraft, welche es unterlassen, den durch § 10 für sie begründeten Verpflichtungen nachzukommen.

1. Materialien: s. § 23 Anm. 1. § 26 (§ 24 des Reg.Entw.) ist von der Kommission und dem Reichstag unverändert angenommen.

2. Geldstrafe bis zu dreißig Mark: Die Strafvorschrift entspricht dem § 149 Abs. 1 Ziff. 7 der GO. Wegen der Umwandlung der nicht beizutreibenden Geldstrafe in Haft und wegen der Verjährung der Strafverfolgung vgl. Anm. 2 zu § 25. — § 26 betrifft nur die Beschäftigung fremder Kinder. Der Arbeitgeber haftet auch für Fahrlässigkeit.

§ 27.

Mit Geldstrafe bis zu zwanzig Mark wird bestraft:

1. wer entgegen der Bestimmung des § 11 Abs. 1 ein Kind in Beschäftigung nimmt oder behält;
2. wer der Bestimmung des § 11 Abs. 3 in Ansehung der Arbeitskarten zuwiderhandelt.

1. Materialien: S. § 23 Anm. 1. § 27 (§ 25 des Reg.Entw.) ist von der Kommission und dem Reichstag unverändert angenommen.

2. Geldstrafe bis zu 20 Mark: Die Strafvorschrift entspricht dem § 150 der GO. Wegen der Umwandlung der nicht beizutreibenden Geldstrafe in Haft und wegen der Verjährung der Strafverfolgung

vgl. Anm. 2 zu § 25. — § 27 betrifft nur die Beschäftigung fremder Kinder. Der Arbeitgeber haftet auch für Fahrlässigkeit.

§ 28.

Die Strafverfolgung der im § 24 bezeichneten Vergehen verjährt binnen drei Monaten.

Materialien: S. § 23 Anm. 1. § 28 (§ 26 des Reg.Entw.) ist von der Kommission und dem Reichstag unverändert angenommen. Vgl. im übrigen Anm. 3 zu § 24.

§ 29.

Die Bestimmungen des § 151 der Gewerbeordnung finden Anwendung.

1. Materialien: S. § 23 Anm. 1. § 29 (§ 27 des Reg.Entw.) ist von der Kommission und dem Reichstag unverändert angenommen.

2. „Die Vorschrift des § 151 der GO. über die strafrechtliche Verantwortlichkeit von Betriebsleitern usw. erwies sich auch für den vorliegenden Gesetzentwurf als erforderlich" (Begründung S. 24).

3. Der Abs. 1 des § 151 (s. unten S. 173) betraf ursprünglich nur die eigentlichen Stellvertreter im Sinne des § 45 GO. Das Ges. betr. Abänderung der GO. v. 1. Juni 1891 Art. 6 (RGBl. S. 261) dehnte aber die prinzipale strafrechtliche Haftung auf alle zur Leitung des Betriebes oder eines Teils desselben oder zur Beaufsichtigung bestellte Personen aus. Danach sind jetzt nicht nur die eigentlichen Stellvertreter, sondern alle Betriebsbeamte haftbar, welche zur Leitung oder Beaufsichtigung bestellt sind. Dem Gewerbetreibenden wird dadurch ermöglicht, mit der Leitung und Beaufsichtigung

gleichzeitig die strafrechtliche Verantwortlichkeit auch einer anderen geeigneten Persönlichkeit als dem eigentlichen Stellvertreter zu übertragen. Aber auch nach der gegenwärtigen Fassung haftet der Gewerbetreibende neben dem Betriebsbeamten nicht nur dann, wenn die Gesetzesübertretung mit seinem Vorwissen begangen ist, sondern auch dann, wenn er es bei der nach den Verhältnissen möglichen eigenen Beaufsichtigung des Betriebes oder bei der Beaufsichtigung des Betriebsleiters an der erforderlichen Sorgfalt hat fehlen lassen. RG. v. 19. Mai 1893, E. i. StrS. Bd. XXIV S. 181, vgl. auch RG. vom 26. Sept. 1893, E. i. StrS. Bd. XXIV S. 295 und vom 28. Mai 1897 Bd. XXX S. 133, ferner RG. v. 30. Juni 1896, E. i. StrS. Bd. XXIX S. 27 und vom 3. Mai 1900 Bd. XXXIII S. 261.

4. Stellvertreter eines Gewerbetreibenden (§ 151 Abs. 2 GO.) ist derjenige, „welcher das Geschäft oder einzelne Zweige desselben im Namen und auf Rechnung des Inhabers verwaltet, d. h. Rechtsgeschäfte für denselben abschließt und zwar nicht einzelne, ihm nur hin und wieder übertragene, sondern alle, welche den ganzen Umfang des Gewerbes oder der ihm anvertrauten Zweige desselben umfassen, einschließlich der öffentlich rechtlichen, dem Inhaber zustehenden oder obliegenden Befugnisse und Verpflichtungen". OVG. Bd. XII S. 340.

VI. Schlußbestimmungen.

§ 30.

Die vorstehenden Bestimmungen stehen weitergehenden landesrechtlichen Beschränkungen der Beschäftigung von Kindern in gewerblichen Betrieben nicht entgegen.

1. Materialien: S. § 23 Anm. 1. § 30 (im Reg.Entw. § 28) ist von der Kommission und im Reichstag unverändert angenommen.

2. „Nach § 30 sollen bestehende weitergehende landesrechtliche Beschränkungen in der Beschäftigung von Kindern in gewerblichen Betrieben aufrecht erhalten bleiben und die Einführung weitergehender Beschränkungen auch für die Folge zulässig sein." (Begründung S. 24). Einen ähnlichen Vorbehalt zu Gunsten der Landesgesetzgebung enthält u. a. § 105h Abs. 1 der GO., wonach die Bestimmungen der §§ 105a bis 105g daselbst weitergehenden landesgesetzlichen Beschränkungen der Arbeit an Sonn- und Festtagen nicht entgegenstehen.

§ 31.

Dieses Gesetz tritt mit dem 1. Januar 1904 in Kraft.

1. Materialien: S. § 23 Anm. 1.

2. Der Reg.Entw. (§ 29) bestimmte als Tag des Inkrafttretens des Gesetzes den 1. Juli 1903. Die Kommission schob den Termin auf den 1. Jan. 1904 hinaus, im Hinblick auf die technische Unmöglichkeit für die Regierung, zu einem früheren Zeitpunkte mit den Vorarbeiten (§§ 14, 21, 22 usw.) fertig zu werden.

Urkundlich unter Unserer Höchsteigenhändigen Unterschrift und beigedrucktem Kaiserlichen Insiegel.

Gegeben Berlin im Schloß, den 30. März 1903.

(L. S.) **Wilhelm.**

Graf von Posadowsky.

Anlage zu § 4.

Verzeichnis derjenigen Werkstätten, in deren Betrieb, abgesehen vom Austragen von Waren und von sonstigen Botengängen, Kinder nicht beschäftigt werden dürfen.

Gruppe der Gewerbestatistik.	Bezeichnung der Werkstätten.
IV.	Werkstätten zur Anfertigung von Schieferwaren, Schiefertafeln und Griffeln, mit Ausnahme von Werkstätten, in denen lediglich das Färben, Bemalen und Bekleben sowie die Verpackung von Griffeln und das Färben, Liniieren und Einrahmen von Schiefertafeln erfolgt.
	Werkstätten der Steinmetzen, Steinhauer.
	Werkstätten der Steinbohrer, -schleifer oder -polierer.
	Kalkbrennereien, Gipsbrennereien.
	Werkstätten der Töpfer.
	Werkstätten der Glasbläser, -ätzer, -schleifer oder -mattierer, mit Ausnahme der Werkstätten der Glasbläser, in denen ausschließlich vor der Lampe geblasen wird.
	Spiegelbelegereien.
V.	Werkstätten, in denen Gegenstände auf galvanischem Wege durch Vergolden, Versilbern, Vernickeln und dergleichen mit Metallüberzügen versehen werden oder in denen Gegenstände auf galvanoplastischem Wege hergestellt werden.
	Werkstätten, in denen Blei- und Zinnspielwaren bemalt werden.
	Blei-, Zink-, Zinn-, Rot- und Gelbgießereien und sonstige Metallgießereien.

Noch: Anlage.

Gruppe der Gewerbestatistik.	Bezeichnung der Werkstätten.
	Werkstätten der Gürtler und Bronzeure.
	Werkstätten, in denen Blei, Kupfer, Zink oder Legierungen dieser Metalle bearbeitet oder verarbeitet werden, mit Ausnahme von Werkstätten, in denen ausschließlich eigene Kinder und diese lediglich mit Sortieren und Zusammensetzen von Uhrenbestandteilen beschäftigt werden.[1]
	Metallschleifereien und -poliererelen.
	Feilenhauereien.
VI.	Harnischmachereien, Bleianknüpfereien.
	Werkstätten, in denen Quecksilber verwandt wird.
VII.	Werkstätten zur Herstellung von Explosivstoffen, Feuerwerkskörpern, Zündhölzern und sonstigen Zündwaren.
	Abdeckereien.
IX.	Werkstätten, in denen Gespinste, Gewebe und dergleichen mittels chemischer Agentien gebleicht werden.
	Färbereien.
	Lumpensortierereien.

[1]) Der gesperrt gedruckte Teil der Anführung unter V alinea 5 oben beruht auf einem Beschluß des Bundesrats, der auf Grund des § 4 Abs. 2 des Gesetzes gefaßt ist. Bekanntmachung des Reichskanzlers v. 17. Dezember 1903, RGBl. S. 312.

Noch: Anlage.

Gruppe der Gewerbestatistik.	Bezeichnung der Werkstätten.
XI.	Felleinsalzereien, Gerbereien. Werkstätten zur Verfertigung von Gummi-, Guttapercha- und Kautschukwaren. Werkstätten zur Verfertigung von Polsterwaren. Roßhaarspinnereien.
XII.	Werkstätten der Perlmutterverarbeitung. Haar- und Borstenzurichtereien. Bürsten- und Pinselmachereien, sofern mit ausländischem tierischen Materiale gearbeitet wird.
XIII.	Fleischereien.
XIV.	Hasenhaarschneidereien. Bettfedernreinigungsanstalten. Chemische Waschanstalten.
XV.	Werkstätten der Maler und Anstreicher.

1. Materialien: Vgl. Anm. 1 zu § 4 und ferner Stenogr. Verh. S. 5011, 5014, 5017, 7615.

2. Geschichte: Das obige Verzeichnis weicht infolge der Kommissionsbeschlüsse vom Reg.Entw. in folgenden Punkten ab:

Zugesetzt sind die Worte „Gipsbrennereien" in Gruppe IV, „Felleinsalzereien, Gerbereien" in Gruppe XI. Abs. 2 Gruppe VI lautete: Werkstätten, in denen Quecksilber zur Herstellung von Thermometern oder Barometern verwandt wird. Die hervorgehobenen Worte wurden gestrichen.

Abgelehnt wurden die Anträge, in Gruppe IV die Worte „mit Ausnahme der Werkstätten der Glasbläser" bis zu den Worten „geblasen wird“ zu streichen, sowie in Gruppe V einzufügen „die Werkstätten der Schmiede und Schlosser“ und in Gruppe XIII hinzuzusetzen „Tabakindustrie“. Vgl. Komm.Ber. S. 16, 17, 18.

Der in der zweiten Beratung gestellte Antrag Nr. 828 in Gruppe XII „Haar- und Borstenzurichtereien“ die Worte „sofern mit ausländischem tierischen Material gearbeitet wird“ zu streichen, wurde abgelehnt. In dritter Beratung wurde das Verzeichnis ohne Debatte angenommen. Wegen des Begriffes Werkstätten vgl. § 18.

3. „Bei den im Verzeichnis aufgeführten Betrieben handelt es sich zunächst um solche Werkstätten, in welchen die Kinder der Einatmung von Staub ausgesetzt sind, der entweder mechanisch oder chemisch namentlich auf den jugendlichen Organismus schädlich einwirkt, und zwar in erster Linie um diejenigen Werkstätten, in denen harter, spitziger oder scharfkantiger Mineralstaub auftritt, welcher die Schleimhäute der Atmungsorgane verletzt.

Zu ihnen sind zu rechnen zunächst die Werkstätten zur Verfertigung von Schieferwaren, Schiefertafeln und Griffeln, in denen die stauberzeugenden Arbeiten des Abreibens der Schiefertafeln, des Sägens, der Bearbeitung der zugeschnittenen Schieferstücke in Durchstoßmaschinen, des Anschleifens der Griffelspitzen und des Abrundens der Griffel vorgenommen werden; ferner die Werkstätten der Steinmetzen (Steinhauer), der Steinbohrer, -schleifer und -polierer und der Perlmutterverarbeitung, in denen sich bei dem Zurichten, Behauen, Klarschlagen, Sägen, Spitzen, Bohren, Schleifen und Polieren der Steine und Muschelschalen Staub entwickelt; endlich die Kalkbrennereien, in denen Kinder mit den stauberzeugenden Arbeiten des Einschichtens der Kalksteine in den Öfen und mit dem Ausladen beschäftigt oder innerhalb der noch nicht völlig ausgekühlten Öfen gesundheitsschädlich hoher Temperatur ausgesetzt werden.

Diesen Werkstätten reihen sich die Betriebe der Glasschleifer und Glasmattierer an, in denen die Einatmung von Glas- oder Sandstaub oder beim Naßschleifen die Erkältungsgefahr in Frage kommt.

Mit Rücksicht auf die Gesundheitsgefährlichkeit des Metallstaubs war es erforderlich, die Blei-, Zink-, Zinn-, Rot- und Gelbgießereien sowie die sonstigen Metallgießereien, die Werkstätten der Gürtler und Bronzeure, die Metallschleifereien und -Poliereien aufzunehmen. Ebenso waren die Kinder aus denjenigen Werkstätten auszuschließen, in welchen die Arbeiter mit Blei, Bleilegierungen oder bleiischen Stoffen in Berührung kommen und demzufolge der Bleivergiftungsgefahr ausgesetzt sind, so aus den Bleiglasuren verwendenden Töpfereien, den Bleigießereien, den Werkstätten, in denen Blei und bleihaltige Zinnspielwaren bemalt werden, den Feilenhauereien, den Harnischmachereien und Bleianknüpfereien, ferner aus den Werkstätten der Maler und Anstreicher, in denen in der Regel viel Bleifarben verwendet werden.

Hinsichtlich der Gesundheitsschädlichkeit stehen den genannten Anlagen diejenigen Werkstätten mindestens gleich, in denen die Arbeiter, wie in Spiegelbelegereien und in Werkstätten zur Verfertigung von Thermometern und Barometern, der Gefahr der Einatmung von Quecksilberdämpfen oder, wie in Hasenhaarschneidereien, von Quecksilber enthaltendem Staube ausgesetzt sind. Nahezu ebenso schädlich ist die Beschäftigung in Färbereien, in denen mitunter giftige Farben oder ätzende und giftige Chemikalien Verwendung finden, ferner — wegen der hier benutzten Säuren und der Lösungen des sehr giftigen Cyankaliums — in Werkstätten, in denen Gegenstände auf galvanischem Wege durch Vergolden, Versilbern, Vernickeln und dergleichen mit Metallüberzügen versehen, oder in denen Gegenstände auf galvanoplastischem Wege hergestellt werden, endlich in chemischen Waschanstalten und solchen Werkstätten, in denen der Gesundheit nachteilige gasförmige Produkte die Atmungsluft verunreinigen können. Zu letzteren gehören die Werkstätten der Glasätzer, welche Flußsäure verwenden, die Werkstätten, in denen Gespinnste, Gewebe und dergleichen mittels chemischer Agentien gebleicht werden, und die Werkstätten zur Verfertigung von Gummi-, Guttapercha- und Kautschukwaren, in denen die Erzeugnisse mit einer Lösung von Chlorschwefel in Schwefelkohlenstoff oder mit Chlorschwefeldämpfen vulkanisiert werden. Die Aufnahme der Lumpensortierereien, der Roßhaarspinnereien, der mit ausländischem tierischen Material arbeitenden Haar- und Borstenzurichtereien, Bürsten- und Pinselmachereien sowie der Bettfedernreinigungsanstalten rechtfertigt sich wegen der in ihnen drohenden Staub- und Infektionsgefahr. Die Werkstätten zur Herstellung von Explosivstoffen, Feuerwerkskörpern, Zündhölzern und sonstigen Zündwaren sind im Hinblick auf die in ihnen drohende Unfallgefahr, die Abdeckereien und Fleischereien vor allem wegen der für das kindliche Gemütsleben nicht unbedenklichen Arbeiten eingereiht worden. Die Glasbläsereien endlich waren wegen der mit dem Glasblasen verbundenen Überanstrengung der Lungen aufzunehmen, dabei war jedoch von denjenigen Werkstätten abzusehen, in denen ausschließlich vor der Lampe geblasen wird, da hier in der Regel kleinere Christbaumartikel ꝛc. hergestellt werden und nach den bisher gemachten Erfahrungen Gesundheitsschädigungen nicht zu befürchten sind." Begründung S. 17, 18.

4. Wegen der Befugnis des Bundesrats, das Verzeichnis abzuändern, vgl. § 4 Abs. 2 sowie Anm. 12 zu § 4.

Anhang.

I.

Bekanntmachung des Reichskanzlers, betreffend Ausnahmen von den Vorschriften des § 12, § 13 Abs. 1 des Gesetzes über Kinderarbeit in gewerblichen Betrieben vom 30. März 1903 (Reichs-Gesetzbl. S. 113). Vom 17. Dezember 1903 (Reichs-Gesetzbl. S. 312) nebst Anlage (Werkstätten-Verzeichnis).

Auf Grund des § 14 Abs. 1 des Gesetzes, betreffend Kinderarbeit in gewerblichen Betrieben, vom 30. März 1903 (Reichs-Gesetzbl. S. 113) hat der Bundesrat beschlossen:

I. In Abweichung von der Vorschrift im § 12 a. a. O. dürfen bis zum 31. Dezember 1905 im Königlich Preußischen Regierungsbezirke Düsseldorf in Werkstätten der Bandweberei (Bandwirkerei) und im Großherzoglich Badischen Kreise Waldshut in Werkstätten der Weberei (Band- und Stoffweberei) — Gewerbeklasse IXc der Gewerbestatistik — eigene Kinder mit dem Spulen, insbesondere auch mit dem Spulen mittels Spulmaschinen, die durch elementare Kraft betrieben sind, unter folgenden Bedingungen beschäftigt werden:

1. Die Kinder müssen am 1. Januar 1904 das zehnte Lebensjahr vollendet haben.
2. Die Beschäftigung ist nur gestattet, wenn sich Wohnung und Werkstätte in demselben Hause

befinden und in der Werkstätte nicht mehr als drei Webstühle betrieben werden.

3. Bei der Beschäftigung sind die Bestimmungen des § 13 Abs. 1 a. a. O. über die Zeit der Beschäftigung sowie über die Pausen zu beobachten.

II. In Abweichung von der Vorschrift im § 13 Abs. 1 a. a. O. dürfen bis zum 31. Dezember 1905 in den im anliegenden Verzeichnis aufgeführten Werkstätten, in denen die Beschäftigung nicht nach § 12 a. a. O. verboten ist, eigene Kinder unter zehn Jahren nach Maßgabe der sonstigen Bestimmungen des § 13 Abs. 1 a. a. O. sowie folgender weiterer Bedingungen beschäftigt werden:

1. Die Kinder müssen am 1. Januar 1904 das achte Lebensjahr vollendet haben.
2. Die Kinder dürfen nur mit denjenigen Arbeiten beschäftigt werden, welche nach dem Verzeichnisse für die einzelnen Werkstätten gestattet sind.
3. Die Beschäftigung mit den einzelnen Arbeiten darf nur in denjenigen Bezirken stattfinden, für welche diese Arbeiten nach dem Verzeichnisse zugelassen sind.

Berlin, den 17. Dezember 1903.

Der Stellvertreter des Reichskanzlers.

Graf von Posadowsky.

Verzeichnis derjenigen Werkstätten,

in deren Betrieb in Abweichung von der Vorschrift im § 13 Abs. 1 des Gesetzes, betreffend Kinderarbeit in gewerblichen Betrieben, vom 30. März 1903 (Reichs-Gesetzbl. S. 113) eigene Kinder unter zehn Jahren nach Maßgabe der Bekanntmachung des Reichskanzlers vom 17. Dezember 1903 (Reichs-Gesetzbl. S. 312) bis zum 31. Dezember 1905 beschäftigt werden dürfen.

Auf solche Werkstätten, in denen durch elementare Kraft (Dampf, Wind, Wasser, Gas, Luft, Elektrizität usw.) bewegte Triebwerke nicht bloß vorübergehend zur Verwendung kommen, sowie auf solche Werkstätten, in deren Betrieb nach § 12 a. a. O. aus sonstigen Gründen Kinder nicht beschäftigt werden dürfen, finden die Ausnahmen keine Anwendung.

Gewerbeklasse oder Gewerbeart der Gewerbestatistik	Bezeichnung der Werkstätten	Art der Beschäftigung,	Bezirke,
		für welche die Ausnahme gewährt ist.	
1	2	3	4
IV a 2.	Verfertigung grober Schieferwaren.	Bekleben der Schiefergriffel mit Papier, Bemalen, Zählen, Einlegen in Etuis.	**Sachsen-Meiningen:** Kreis Sonneberg und Amtsgerichtsbezirk Eisfeld.
IV a 9, IV d 7 u. IV e 5.	Verfertigung von Spielwaren aus Stein, Porzellan oder Glas.	Zählen der Märbel und Verpacken in kleine Säckchen; bei Porzellanmärbeln auch Bemalen. Bemalen und Anstreichen von Puppengliedern, Sortieren und Einsetzen von Puppenaugen, Zusammensetzen von Puppenteilen, Zusammensetzen von Christbaumschmuck, Garnieren (Anbringen von Ösen, Hütchen, Schlingen und	**Sachsen-Meiningen:** Kreis Sonneberg und Amtsgerichtsbezirk Eisfeld; **Sachsen-Coburg und Gotha:** Amtsgerichtsbezirke Neustadt und Rodach.

		dergleichen), Sortieren, Einlegen in Kartons. Aufreihen von Perlen auf Fäden.	
IV d 6, V c, IX h, XII g 3.	Bearbeitung von Knöpfen aus Porzellan, Metall, Horn, Perlmutter und dergleichen.	Aufnähen und Aufstecken auf die Karten.	**Preußen:** Regierungsbezirke Düsseldorf und Aachen; **Sachsen:** Kreishauptmannschaften Chemnitz und Zwickau; **Baden:** für das Großherzogtum; **Sachsen-Altenburg:** für die Städte Schmölln und Gößnitz und die benachbarten ländlichen Ortschaften; **Schwarzburg-Rudolstadt:** für das Fürstentum.
IV d 6.	Herstellung von Porzellanwaren.	Aufreihen von Perlen.	**Baden:** für das Großherzogtum.
"	"	Abputzen der geformten oder gegossenen Gegenstände vor dem Brande.	**Schwarzburg-Rudolstadt:** für das Fürstentum; **Schwarzburg-Sondershausen:** für das Fürstentum.

Gewerbeklasse oder Gewerbeart der Gewerbestatistik	Bezeichnung der Werkstätten	Art der Beschäftigung,	Bezirke,
		für welche die Ausnahme gewährt ist.	
1	2	3	4
IV e 3.	Glasbläserei vor der Lampe.	Blasen von Puppenaugen mittels des Blasebalgs; Abschneiden von Glaswaren mit Ausnahme von Glasperlen.	Sachsen-Meiningen: Kreis Sonneberg und Amtsgerichtsbezirk Eisfeld.
"	"	Abschneiden von Glaswaren mit Ausnahme von Glasperlen; Anstielen, Anhängen, Anfädeln, Zählen und Einpacken von Glaswaren.	Schwarzburg-Rudolstadt: für das Fürstentum.
V a 3 u. V b.	Silber- und Golddrahtzieherei.	Konfektionieren von Christbaumsternen; Herstellung von Spitzen aus leonischen Drähten.	Bayern: Regierungsbezirk Mittelfranken.

	anderen Gegenständen aus Metall.	Glöckchen für Spielwaren, Befestigen der Schnüre an Kindertrompeten, Einhängen von Ringelchen an die Scharniere von Handspiegeln.	
"	"	Anfügen von Haken, Anhängseln usw. an fertig gestellte Uhrketten aus Eisendraht, Anhängen der Ketten an Uhren, Aufnähen der Uhren auf Karten, Einlegen in Kartons.	Sachsen-Weimar: für den Ort Ruhla.
V c.	Bearbeitung von eisernen Kurzwaren, Nadlerwaren; Drahtwaren-Fabrikation.	Einfüllen und Verpacken von Schnallen, Haken und Augen in Schachteln, Sortieren, Aufstecken und Aufnähen von Nadeln, Aufnähen und Aufstecken von Haken, Augen, Schnallen usw. auf Karten. Aufstecken von Stiften für Knopfbefestiger.	Preußen: Regierungsbezirke Coblenz, Düsseldorf, Aachen.

Gewerbeklasse oder Gewerbeart der Gewerbestatistik	Bezeichnung der Werkstätten	Art der Beschäftigung, für welche die Ausnahme gewährt ist.	Bezirke, für welche die Ausnahme gewährt ist.
1	2	3	4
V c.	Bearbeitung von eisernen Kurzwaren, Nadlerwaren: Drahtwaren-Fabrikation.	Nadelanreihen und Drahtringelmachen.	Bayern: Regierungsbezirk Mittelfranken.
"	"	Aufnähen von Haken und Ösen auf Kartons.	Bayern: Regierungsbezirk Mittelfranken.
VIII c 2.	Herstellung von Nachtlichten.	Einstecken der Nachtlichte in die Schwimmer.	Bayern: Regierungsbezirk Mittelfranken.
VIII c 3.	Herstellung von Räucherkerzen.	Formen der Kerzen.	Reuß älterer Linie: für das Fürstentum.
IX c.	Weberei einschließlich Bandweberei.	Spulen, Tücherdrehen, Anfertigung von Fransen, Rutenstecken, Anknüpfen des Garnes, Andrehen, Zureichen der Fäden und	Preußen: Regierungsbezirke Potsdam, Breslau, Liegnitz, Oppeln, Erfurt, Minden; Bayern: Regierungsbezirk Oberfranken;

		andere leichte Vorarbeiten — mit Ausnahme der Arbeiten am Webstuhle selbst.	**Baden:** Kreise Lörrach und Waldshut; **Reuß älterer Linie:** für das Fürstentum; **Reuß jüngerer Linie:** für das Fürstentum.
IX e.	Strickerei und Wirkerei.	In der Strickerei: Umhäkeln, Knopflochausnähen, Knopfannähen usw. In der Wirkerei: Zusammennähen der gewirkten Waren, Besetzen, Umsäumen der Knopflöcher, Umschlingen der Endnähte, Ausziehen des Fadenschlags, Annähen der Knöpfe.	**Württemberg:** Oberämter Stuttgart (Stadt), Böblingen, Eßlingen, Ludwigsburg, Urach, Balingen, Reutlingen und Nürtingen.
"	"	In der Strumpfwirkerei: das Strumpfwenden, Strumpfnähen und Garnspulen.	**Reuß älterer Linie:** für das Fürstentum.
IX f.	Häkelei und Stickerei.	Leichte Arbeiten und Handreichungen.	**Bayern:** Regierungsbezirke Ober- und Unterfranken; **Württemberg:** für die bei IXe angeführten Oberamtsbezirke.

Gewerbeklasse oder Gewerbeart der Gewerbestatistik	Bezeichnung der Werkstätten	Art der Beschäftigung,	Bezirke,
		für welche die Ausnahme gewährt ist.	
1	2	3	4
IX f.	Häkelei und Stickerei.	Auszäckeln oder Ausschneiden in der Stickerei.	Reuß älterer Linie: für das Fürstentum.
„	„	Fädeln, Zäckeln und Fadenabschneiden in Handmaschinenstickereien und Zäckelstuben.	Reuß jüngerer Linie: für das Fürstentum.
„	„	Besticken und Aufkleben von Haussegen.	Preußen: Regierungsbezirk Potsdam.
IX h.	Posamentenfabrikation.	Einfassen von Perlen und Flittern.	Sachsen: Kreishauptmannschaften Chemnitz und Zwickau; Hessen: für die Orte Zellhausen, Mainflingen, Froschhausen, Kl.-Welzheim, Seligenstadt (Kreis Offenbach) und Groß-Zimmern (Kreis

		Einfädeln des Zwirns, Abheften und Aufheften der Waren; Nähen und Häkeln von Perlen und dergleichen, Auffädeln von Perlen und Flittern; Knüpfen von Schlingen und Fransen.	schaften Chemnitz und Zwickau.
X a u. b.	Papierindustrie.	Auflegen des Papiers auf die Form, Bemalen und Anstreichen der Masken.	**Sachsen-Meiningen:** Kreis Sonneberg und Amtsgerichtsbezirk Eisfeld.
"	"	In der Buchbinderei und Kartonagenfabrikation das Falzen und Kleben von Papierartikeln, wie z. B. Düten, Beuteln, Lampenschirmen, Rosetten, Ketten, Fächern, Schachteln, Etuis und Kartons. Anbringen von Aufschriften mittels Schablonen und andere leichte Arbeiten.	**Preußen:** Regierungsbezirke Breslau, Liegnitz, Merseburg, Coblenz; **Bayern:** Regierungsbezirk Mittelfranken; **Sachsen-Meiningen:** Kreis Sonneberg und Amtsgerichtsbezirk Eisfeld; **Sachsen-Coburg und Gotha:** Amtsgerichtsbezirke Neustadt und Rodach.

Gewerbeklasse oder Gewerbeart der Gewerbestatistik	Bezeichnung der Werkstätten	Art der Beschäftigung, für welche die Ausnahme gewährt ist,	Bezirke, für welche die Ausnahme gewährt ist,
1	2	3	4
XII b.	Verfertigung von Holzstiften.	Zählen und Verpacken von Zahnstochern.	**Preußen:** Regierungsbezirk Merseburg.
"	Herstellung von Zündholzschachteln und anderen Spanschachteln.	Umbiegen und Zumachen, Kleben von Schachteln, Bestreichen und Bekleben der Schachtelmäntel.	**Preußen:** Regierungsbezirk Breslau; **Bayern:** Regierungsbezirk Oberbayern; **Braunschweig:** für den Ort Braunlage.
"	Verfertigung von groben Holzwaren.	Leichtere Arbeiten und Handreichungen bei der Herstellung von Schnitz- und Drehwaren einschließlich der Herstellung von Holzschachteln und -kästchen (Bemalen, Zusammensetzen, Fertigstellen, Zählen und dergleichen).	**Sachsen-Meiningen:** Kreis Sonneberg und Amtsgerichtsbezirk Eisfeld; **Sachsen-Coburg und Gotha:** Amtsgerichtsbezirke Neustadt und Rodach.

"	"	Anfertigung von Blumenstäben und Holzetiketten. Zusammensetzen und Leimen von Schachteln.	Schwarzburg-Sondershausen: Ortschaft Geschwenda (Verwaltungsbezirk Arnstadt); Schwarzburg-Rudolstadt: für das Fürstentum.
XII d u. f.	Korbmacher und -flechter. Sonstige Flechterei.	Sortieren von Weiden; Flechten von Stuhlsitzen und Körben; Herstellung von Strohhülsen.	Preußen: Regierungsbezirke Oppeln, Hannover, Minden; Bayern: Regierungsbezirke Ober- und Unterfranken.
XII g 3.	Herstellung von Vogelbauern.	Einfügen der Sprossen in die Seitenteile der Bauer, Zusammenfügen der Bauer.	Braunschweig: für den Ort Braunlage.
XIII b 2.	Zubereitung von Fischen.	Auspflücken von Krabben.	Preußen: Regierungsbezirk Schleswig.
XIV a 5 u. XI c.	Fertigstellung usw. von Puppen.	Auseinanderschneiden zusammenhängend genähter Lederteile sowie Bekleidung der Puppenrümpfe.	Sachsen-Weimar: IV. Verwaltungsbezirk; Schwarzburg-Rudolstadt: für das Fürstentum.

Gewerbeklasse oder Gewerbeart der Gewerbestatistik	Bezeichnung der Werkstätten	Art der Beschäftigung, für welche die Ausnahme gewährt ist.	Bezirke, für welche die Ausnahme gewährt ist.
1	2	3	4
XIV a 5 u. XI c.	Fertigstellung usw. von Puppen.	Nähen, Häkeln und Stricken von Puppenkleidern, Nähen von Puppenbälgen, sonstige leichtere Arbeiten zur Bekleidung und Ausstattung von Puppen, Wickeln von Locken für die Puppenfrisur, sofern dabei Wollhaar und Mohair in gereinigtem Zustande verwendet werden, Einlegen der Puppen in Kartons.	**Sachsen-Meiningen:** Kreis Sonneberg und Amtsgerichtsbezirk Eisfeld; **Schwarzburg-Rudolstadt:** für das Fürstentum; **Schwarzburg-Sondershausen:** für das Fürstentum.
XIV a 6.	Herstellung künstlicher Blumen.	Hilfeleistungen mit Ausnahme des Pressens und Ausschlagens.	**Sachsen:** für Sebnitz und Umgegend.

XIV a 12.	Verfertigung von Korsetts.	Einziehen der Stäbchen in Hohlband, Schneiden des Hohlbandes, Aufsetzen der Kappen, Einsetzen der Stiftchen und Schließen.	Hessen: für den Ort Neu-Isenburg (Kreis Offenbach).
XIV b.	Schuhmacherei.	Zuschneiden der Rohmaterialien für die Endenschuhmacherei, Flechten auf Leisten und Wattieren.	Württemberg: Oberämter Balingen, Spaichingen und Tuttlingen.

II.

Preußische Ausführungsanweisung zum Reichsgesetz, betreffend Kinderarbeit in gewerblichen Betrieben vom 30. März 1903 (Reichs-Gesetzbl. S. 113), vom 30. November 1903 nebst Anlagen (Verzeichnis I u. II und zwei Mustern zu Arbeitskarten) und Ministerialerlaß vom 30. November 1903 (Hand.Min.Bl. S. 368).

1. Ministerialerlaß vom 30. November 1903 (Hand.Min.Bl. S. 368).

IIIa 8659 / I 8535 } M. f. H. u. G.
U. III D. 3215 M. d. g. ꝛc. A.
IIb 4405 M. d. J.

Betr. Kinderarbeit in gewerblichen Betrieben.

Berlin, den 30. November 1903.

Zur Ausführung des Reichsgesetzes, betreffend Kinderarbeit in gewerblichen Betrieben, vom 30. März d. J. (R.G.Bl. S. 113) haben wir die anliegende Ausführungsanweisung vom heutigen Tage erlassen. Sie wollen diese alsbald in einer Beilage des Regierungsamtsblattes veröffentlichen und den unteren Verwaltungsbehörden und den Ortspolizeibehörden Ihres Bezirks je einen Abdruck sofort zugehen lassen. Die Drucklegung der Beilage ist der Buchdruckerei von Julius Sittenfeld übertragen worden, die Ihnen den für die Amtsblätter und die Ortspolizeibehörden erforderlichen Bedarf demnächst zugehen lassen wird. Auch wollen Sie dafür Sorge tragen, daß die beteiligten Kreise alsbald in geeigneter Weise auf das am 1. Januar 1904 erfolgende Inkrafttreten des Gesetzes hingewiesen und über dessen Bestimmungen unterrichtet werden.

Um den Ortspolizeibehörden zu ermöglichen, sich rechtzeitig vor dem 1. Januar 1904 mit dem erforderlichen Vorrate von Arbeitskarten zu versehen, wollen Sie unmittelbar oder durch Vermittelung der Polizeibehörden mit geeigneten Firmen wegen schleuniger Herstellung der Arbeitskarten in Verbindung treten. Zu diesem Zwecke sind 5 nicht ausgefüllte Arbeitskarten beigefügt. Die Firmen sind dabei darauf hinzuweisen, daß die Arbeitskarten nach Format, Papier und Druck genau dem Muster entsprechen müssen. Ob es zur Sicherstellung der rechtzeitigen Beschaffung des erstmaligen Bedarfs erforderlich ist, mit bestimmten Firmen wegen Lieferung der Arbeitskarten Verträge abzuschließen und die Ortspolizeibehörden wegen des erstmaligen Bezuges an diese zu verweisen, bleibt Ihrem Ermessen überlassen. Für die Folge ist es jedoch den Ortspolizeibehörden zu überlassen, woher sie den erforderlichen Vorrat beziehen wollen.

Wegen der etwa für die erste Zeit nach Inkrafttreten des Gesetzes auf Grund des § 8 Absatz 2 zuzulassenden Ausnahmen haben die unteren Verwaltungsbehörden alsbald das Erforderliche in die Wege zu leiten.

Der Minister für Handel und Gewerbe.
Möller.

Der Minister der geistlichen, Unterrichts- und Medizinal-Angelegenheiten.
Im Auftrage.
von Bremen.

Der Minister des Innern.
In Vertretung.
von Bischoffshausen.

An die Herren Regierungspräsidenten.

Anlage.

2. Ausführungsanweisung v. 30. Nov. 1903 (Hand.Min.Bl. S. 369) nebst Anlagen.

Zur Ausführung des Reichsgesetzes, betreffend Kinderarbeit in gewerblichen Betrieben, vom 30. März 1903 (R.G.Bl. S. 113) wird folgendes bestimmt.

A. Behörden.

1. Unter der Bezeichnung höhere Verwaltungsbehörde im Sinne des § 19 ist zu verstehen: für den Landespolizeibezirk Berlin der Polizeipräsident, im übrigen der Regierungspräsident, für die der Aufsicht der Bergbehörden unterstehenden Betriebe das Oberbergamt.
2. Unter der Bezeichnung untere Verwaltungsbehörde ist zu verstehen: in der Regel der Landrat, für Städte mit mehr als 10 000 Einwohnern die Ortspolizeibehörde, für diejenigen Städte der Provinz Hannover, für welche die revidierte Städteordnung vom 24. Juni 1858 gilt, — mit Ausnahme der im § 27 Abs. 2 der Kreisordnung für diese Provinz vom 6. Mai 1884 bezeichneten Städte — der Magistrat.
3. Unter der Bezeichnung Schulaufsichtsbehörde ist zu verstehen der Kreisschulinspektor.
4. Unter der Bezeichnung Gemeindebehörde ist der Gemeindevorstand, in Gutsbezirken der Gutsvorsteher zu verstehen.
5. Als Polizeibehörden im Sinne des § 20 gelten die Ortspolizeibehörden.
6. Unter der Bezeichnung Ortspolizeibehörde ist derjenige Beamte oder diejenige Behörde zu verstehen, welchen die Verwaltung der örtlichen Polizei obliegt.

B. Zulassung von Ausnahmen für die Beschäftigung bei öffentlichen theatralischen Vorstellungen und anderen öffentlichen Schaustellungen.

(§ 6 Abs. 2, § 9 Abs. 2, § 15.)

7. Soweit Ausnahmen von dem in § 6 Abs. 1 des Gesetzes ausgesprochenen Verbote der Kinderbeschäftigung, das nach § 15 auch für die Beschäftigung eigener Kinder gilt, beantragt werden, ist der schriftliche Antrag unmittelbar oder durch Vermittelung der Ortspolizeibehörde an die untere Verwaltungsbehörde zu richten.

In dem Antrage sind die Vorstellung oder Schaustellung, bei der die Kinder beschäftigt werden sollen, ferner nach Möglichkeit die Tageszeit, zu der die Beschäftigung stattfinden soll, sowie die Namen und das Alter der Kinder anzugeben.

Die untere Verwaltungsbehörde hat vor ihrer Entschließung der Schulaufsichtsbehörde Gelegenheit zu einer Äußerung im Hinblick auf die in Frage stehende Vorstellung oder Schaustellung zu geben. Auf die einzelnen in Frage kommenden Kinder hat sich die Äußerung nicht zu erstrecken.

Die untere Verwaltungsbehörde hat vor Gewährung der Ausnahme neben der Frage, ob bei der Vorstellung oder Schaustellung ein höheres Interesse der Kunst oder Wissenschaft obwaltet, namentlich auch zu prüfen, ob der Beschäftigung von Kindern überhaupt und in der in Aussicht genommenen Zahl sowie von Kindern der angegebenen Altersstufe und zu der angegebenen Tageszeit im vorliegenden Falle Bedenken entgegenstehen, und ob die Person des Leiters des Unternehmens genügende Sicherheit dafür bietet, daß die Kinder vor sittlichen Gefahren behütet bleiben. Sie hat ferner zur Vermeidung von Gesundheitsschädigungen der Kinder dafür Sorge zu tragen, daß das Auftreten in angemessenen Zwischenräumen stattfindet. Für die Begrenzung des Begriffs der Vorstellungen und Schaustellungen, bei denen ein höheres Interesse der Kunst oder Wissenschaft obwaltet, ist die bei Ausführung des § 33a der G.O. gewonnene Praxis maßgebend. Die sogenannten Spezialitäten-, Akrobaten- und Artistenvorstellungen, die Zirkusaufführungen und ähnliche Veranstaltungen fallen daher nicht unter die Ausnahmebestimmung des § 6 Abs. 2 des Gesetzes.

Durch die Ausnahmebewilligung wird, sofern fremde Kinder beschäftigt werden sollen, die Verpflichtung des Unternehmers zur Anzeige (§ 10 des Gesetzes, Ziffer 9 dieser Anweisung) und die Verpflichtung zur Beschaffung einer Arbeitskarte (§ 11 des Gesetzes, Ziffer 11 dieser Anweisung) nicht berührt.

C. Zulassung von Ausnahmen für die Beschäftigung von Kindern beim Austragen von Waren und bei sonstigen Botengängen.

(§ 8 Abs. 2, § 9 Abs. 3, § 17 Abs. 1.)

8. Für die Zeit bis 31. Dezember 1905 können die unteren Verwaltungsbehörden für ihren Bezirk oder Teile desselben allgemein oder für einzelne Gewerbszweige Ausnahmen von der gesetzlichen Vorschrift (§ 8 Abs. 1, § 5 Abs. 2, § 9 Abs. 3, § 17 Abs. 1) zulassen, wonach die Beschäftigung fremder Kinder über zwölf Jahre beim Austragen von Waren und bei sonstigen Botengängen sowie die Beschäftigung eigener Kinder über zwölf Jahre beim Austragen von Zeitungen, Milch und

Backwaren, wenn sie für Dritte erfolgt, nicht in die Zeit zwischen 8 Uhr abends und 8 Uhr morgens und nicht vor dem Vormittagsunterrichte stattfinden darf. In Abweichung hiervon kann gestattet werden, daß die Beschäftigung bereits von sechseinhalb Uhr morgens an und vor dem Vormittagsunterrichte, jedoch vor diesem nicht länger als eine Stunde, stattfindet (§ 8 Abs 2). Für die Sonn- und Festtage ist dabei die Vorschrift des § 9 Abs. 3 Satz 2 des Gesetzes zu beachten, wonach an diesen Tagen die Beschäftigung nicht in der letzten halben Stunde vor Beginn des Hauptgottesdienstes und nicht während desselben stattfinden darf.

Die unteren Verwaltungsbehörden haben von der ihnen hiernach zustehenden Befugnis nur für solche Orte und nur für solche Gewerbszweige Gebrauch zu machen, in denen schon bisher die Frühbeschäftigung von Kindern mit dem Austragen von Zeitungen, Backwaren oder Milch üblich war Sie haben ferner bei der Zulassung von Ausnahmen darauf zu sehen, daß nirgends über das zur Eingewöhnung in die neuen gesetzlichen Vorschriften unbedingt erforderliche Maß hinausgegangen wird, und daher die Ausnahmen grundsätzlich nicht im voraus für die ganze zulässige Zeit, sondern nur für einen beschränkten Zeitraum zu gewähren. Nur soweit sich demnächst ergeben sollte, daß sich trotz ernstlicher Bemühungen der beteiligten Gewerbetreibenden ein ausreichender Ersatz für die Frühbeschäftigung der Kinder einstweilen noch nicht hat beschaffen lassen, ist die Ausnahmebewilligung demnächst entsprechend zu verlängern.

Vor der Entschließung über Ausnahmebewilligungen haben die unteren Verwaltungsbehörden der Schulaufsichtsbehörde Gelegenheit zu einer Äußerung zu geben. Die Anhörung der Schulaufsichtsbehörde erfolgt nur mit Beziehung auf die in Aussicht genommene Erstreckung der Ausnahmen auf den Bezirk oder Teile desselben und auf die in Betracht kommenden Gewerbezweige.

D. Anzeige im Falle der Beschäftigung fremder Kinder.

(§ 10.)

9. Die im § 10 des Gesetzes vorgesehene Verpflichtung des Arbeitgebers zur schriftlichen Anzeige an die Ortspolizeibehörde vor dem Beginne der Beschäftigung greift in allen den Fällen Platz, wo Kinder ohne Unterschied des Geschlechts, die als fremde Kinder im Sinne des Gesetzes (§ 3 Abs. 2) gelten, in Betrieben, welche als gewerbliche im Sinne der Gewerbeordnung anzusehen sind, beschäftigt werden sollen. Zu den gewerblichen Betrieben gehören die öffentlichen Erziehungsanstalten nicht. Auf die Landwirtschaft und ihre Nebenbetriebe sowie auf die häuslichen Dienstleistungen (Kinderpflege, Aufwartung und dergl.) erstreckt sich das Gesetz nicht.

Als fremde Kinder gelten insbesondere auch die in den Hausstand aufgenommenen nicht zur gesetzlichen Zwangserziehung (Fürsorgeerziehung) überwiesenen Waisen-, Zieh- und Pflegekinder, soweit sie nicht mit demjenigen, welcher sie beschäftigt und zu dessen Hausstande sie gehören, oder mit dessen Ehegatten bis zum dritten Grade verwandt oder von diesen Personen an Kindesstatt angenommen oder bevormundet sind (§ 3 Abs. 1 Ziffer 1, 2 des Gesetzes), sowie solche zur gesetzlichen Zwangserziehung (Fürsorgeerziehung) überwiesenen Kinder, welche nicht zuglich mit eigenen Kindern im Sinne des § 3 Abs. 1 Ziffer 1, 2 des Gesetzes von demjenigen, welchem sie überwiesen sind und zu dessen

Hausstande sie gehören, beschäftigt werden. Als Zwangs- oder Fürsorgeerziehung im Sinne des Gesetzes gilt jede behördlich angeordnete Erziehung, durch welche ein Kind zur Verhütung der Verwahrlosung in einen fremden Hausstand eingewiesen wird. Diese Voraussetzung liegt sowohl im Falle des § 56 des Reichsstrafgesetzbuches, wie in den Fällen des § 1666 des Bürgerlichen Gesetzbuches, des Artikels 135 des Einführungsgesetzes zu diesem und in den Fällen der Unterbringung auf Grund des Gesetzes über die Fürsorgeerziehung Minderjähriger vom 2. Juli 1900 (GS. S. 264) vor. Im Falle des § 1838 des Bürgerlichen Gesetzbuchs trifft sie bei Waisen nur dann zu, wenn die Anordnung zur Verhütung der Verwahrlosung, nicht aber aus sonstigen Gründen erfolgt ist.

Für die Verpflichtung zur Anzeige ist es unerheblich, ob die Beschäftigung der fremden Kinder auf Grund eines gewerblichen Arbeitsvertrages erfolgt oder ob sie nur tatsächlich beschäftigt werden, ebenso ob die Beschäftigung gegen Entgelt stattfindet oder nicht. Auch die Dauer der Beschäftigung ist für die Verpflichtung zur Anzeige im allgemeinen ohne Bedeutung. Nur in solchen Fällen, wo die Beschäftigung der fremden Kinder bloß gelegentlich mit einzelnen Dienstleistungen erfolgt, ist die Anzeige nicht erforderlich. Diese Voraussetzung liegt dann nicht vor, wenn die Beschäftigung in gewisser Folge regelmäßig wiederkehrt.

Zu den fremden Kindern im Sinne des Gesetzes sind nicht zu rechnen und der Anzeigepflicht unterliegen daher ferner nicht:

a) Kinder, welche in der Wohnung oder Werkstätte einer Person, zu der sie in einem der in § 3 Abs. 1 des Gesetzes bezeichneten Verhältnisse stehen und zu deren Hausstande sie gehören, für Dritte beschäftigt werden (§ 3 Abs. 3 des Gesetzes), so daß sie nicht den Eltern oder den diesen nach § 3 Abs. 1 des Gesetzes gleichstehenden Personen in deren Betriebe oder bei der von diesen übernommenen und selbst mit verrichteten Arbeit helfen, sondern nur die entweder von ihnen selbst oder durch Vermittelung der Eltern vom Unternehmer angenommenen Arbeiten in der elterlichen Wohnung oder Werkstätte verrichten, während die Eltern anderer Berufsarbeit nachgehen;

b) solche eigenen Kinder, welche beim Austragen von Zeitungen, Milch und Backwaren für Dritte (§ 17 Abs. 1 des Gesetzes) in der Weise beschäftigt werden, daß sie ihren Eltern und den diesen nach § 1 Abs. 1 des Gesetzes gleichstehenden Personen bei der Ausführung der von diesen für einen fremden Betrieb übernommenen Austragearbeiten helfen, so daß die Beschäftigung nicht unmittelbar durch den fremden Unternehmer, sondern durch die Eltern erfolgt.

10. Die eingehenden Anzeigen sind von der Ortspolizeibehörde darauf zu prüfen, ob sie die Betriebsstätte des Arbeitgebers und die Art des Betriebs angeben. Unvollständige Anzeigen sind zur Vervollständigung zurückzugeben.

Auf Grund der Anzeigen, die zu besonderen Aktenheften zu vereinigen sind, ist von der Ortspolizeibehörde nach dem beiliegenden Muster ein Verzeichnis derjenigen Betriebe zu führen, welche fremde Kinder beschäftigen. Das Verzeichnis ist dem zuständigen Gewerbeaufsichtsbeamten auf Ersuchen zur Einsicht vorzulegen. Anzeigen für solche Betriebe, welche der Aufsicht der Bergbehörden unterstehen, sind dem zuständigen Bergrevierbeamten zur Kenntnisnahme mitzuteilen, der über sie ein gleiches Verzeichnis zu führen hat.

E. Arbeitskarten.

(§ 11.)

11. Einer Arbeitskarte bedürfen alle Kinder, die als fremde im Sinne des Gesetzes (vgl. Ziffer 9 dieser Anweisung) beschäftigt werden sollen, soweit die Beschäftigung nicht bloß gelegentlich mit einzelnen Dienstleistungen (vgl. Ziffer 9 Abs. 3) erfolgt.

Für Kinder, welche das zwölfte Lebensjahr noch nicht vollendet haben, dürfen Arbeitskarten in der Regel nicht ausgestellt werden. Sollen jüngere Kinder bei Vorstellungen und Schaustellungen, bei denen ein höheres Interesse der Kunst oder Wissenschaft obwaltet, beschäftigt werden, so ist für sie eine Arbeitskarte dann auszustellen, wenn das Vorliegen einer von der unteren Verwaltungsbehörde erteilten Erlaubnis (Ziffer 7 dieser Anweisung) glaubhaft nachgewiesen wird. Sofern ein solcher Nachweis von dem Antragsteller selbst nicht beigebracht werden kann, hat die ausstellende Behörde in geeigneter Weise vor der Ausstellung der Arbeitskarte festzustellen, daß die Erlaubnis erteilt ist. In die Arbeitskarte ist in diesen Fällen unter „Bemerkungen" ein Hinweis aufzunehmen, daß die Arbeitskarte nur für die Beschäftigung bei öffentlichen Vorstellungen oder Schaustellungen gültig ist.

12. Die Arbeitskarten werden von den Ortspolizeibehörden ausgestellt. Sie müssen nach Format, Papier und Druck mit dem beigefügten Muster übereinstimmen.

13. Über die ausgestellten Arbeitskarten ist nach dem beigefügten Muster ein für jedes Kalenderjahr abzuschließendes Verzeichnis zu führen.

14. Die Ortspolizeibehörde hat Arbeitskarten nur für solche Kinder auszustellen, welche im Bezirk ihren letzten dauernden Aufenthalt gehabt haben.

15. Wird der Antrag auf Ausstellung einer Arbeitskarte nicht von dem gesetzlichen Vertreter des Kindes gestellt, so hat die Ortspolizeibehörde den Nachweis zu fordern, daß er dem Antrage zustimmt, oder in den Fällen, wo die Erklärung des gesetzlichen Vertreters nicht beschafft werden kann, daß die Gemeindebehörde desjenigen Ortes, wo das Kind seinen letzten dauernden Aufenthalt gehabt hat, die Zustimmung des gesetzlichen Vertreters ergänzt hat (§ 11 Abs. 2 des Gesetzes).

Daß die Erklärung des gesetzlichen Vertreters nicht zu beschaffen sei, wird in der Regel nur anzunehmen sein, wenn er körperlich oder geistig unfähig ist, eine Erklärung abzugeben, oder wenn sein Aufenthalt unbekannt oder derart ist, daß ein mündlicher oder schriftlicher Verkehr mit ihm nicht möglich ist. Die Ergänzung der Zustimmung des gesetzlichen Vertreters ist, wo sie gesetzlich begründet erscheint, schriftlich auszusprechen und mit Unterschrift und Siegel zu versehen.

Der Nachweis der Zustimmung des gesetzlichen Vertreters ist durch Beibringung einer mündlichen oder schriftlichen Erklärung, der Nachweis der Ergänzung der Zustimmung durch die Gemeindebehörde durch die schriftliche Bescheinigung der letzteren (Abs. 2) zu erbringen.

16. Für jedes Kind, für das die Ausstellung einer Arbeitskarte beantragt wird, ist, sofern Jahr und Tag der Geburt nicht anderweit feststehen, die Vorlegung einer Geburtsurkunde (Geburts-, Taufschein) zu fordern.

17. Die Ausstellung der Arbeitskarte erfolgt durch Ausfüllung des Formulars nach dem beigegebenen

Muster (Ziffer 12). Die Nummer der Arbeitskarte muß mit der laufenden Nummer des Verzeichnisses der Arbeitskarten (Ziffer 13) übereinstimmen. Die Aushändigung der Arbeitskarte darf erst erfolgen, wenn alle Spalten des Verzeichnisses der Arbeitskarten ausgefüllt sind.

18. Vor Ausstellung einer Arbeitskarte ist — erforderlichenfalls durch Anfrage bei der Ortspolizeibehörde desjenigen Ortes, wo das Kind früher seinen dauernden Aufenthalt gehabt hat — festzustellen, ob für dasselbe Kind bereits früher eine Arbeitskarte ausgestellt ist. In diesem Falle ist darauf zu halten, daß die bisherige Arbeitskarte vor Aushändigung der neuen abgeliefert wird, es sei denn, daß sie verloren gegangen, vernichtet oder von dem Arbeitgeber nicht wieder ausgehändigt ist. Ferner ist festzustellen, ob etwa der Ausstellung der Arbeitskarte um deswillen Bedenken entgegenstehen, weil für das Kind die Beschäftigung untersagt ist (§ 20 Abs. 1 Ges., Ziffer 23 Abs. 3 dieser Anweisung).

Die Ausstellung einer neuen Arbeitskarte unterliegt denselben Vorschriften wie diejenige der ersten; jedoch bedarf es der Vorlegung einer Geburtsurkunde nicht, wenn die bisherige Arbeitskarte eingeliefert wird. Daß eine Arbeitskarte an Stelle einer früheren, unbrauchbar gewordenen, verloren gegangenen und dergl. ausgestellt ist, hat die ausstellende Behörde unter „Bemerkungen" in die Arbeitskarte und in das Verzeichnis der Arbeitskarten (Ziffer 13) einzutragen. Vermerke, wonach die Beschäftigung des Kindes eingeschränkt ist (Ziffer 23 letzter Absatz), sind aus der früheren Arbeitskarte in die neu ausgestellte zu übernehmen.

19. Die Ausstellung der Arbeitskarte muß kosten- und stempelfrei erfolgen.

20. Die Aushändigung der Arbeitskarte erfolgt nicht an das Kind, sondern an den gesetzlichen Vertreter oder an den Arbeitgeber des Kindes.

Von jeder Ausstellung einer Arbeitskarte ist dem Vorsteher der Schule, welche das Kind besucht, Mitteilung zu machen.

21. Die Ortspolizeibehörden haben sich zeitig mit einer hinreichenden Anzahl von Formularen zu Arbeitskarten zu versehen und solche fortlaufend vorrätig zu halten.

F. Zulassung von Ausnahmen hinsichtlich der Beschäftigung eigener Kinder im Betriebe von Gast- und von Schankwirtschaften.

(§ 16.)

22. In Orten, die nach der jeweilig letzten Volkszählung weniger als 20 000 Einwohner haben, können die unteren Verwaltungsbehörden für solche Gast- oder Schankwirtschaftsbetriebe, in welchen in der Regel ausschließlich zur Familie des Arbeitgebers gehörige Personen beschäftigt, also in der Regel nicht Kellner oder sonstige andere Personen zur Bedienung herangezogen werden, Ausnahmen von der gesetzlichen Vorschrift zulassen, wonach im Betriebe von Gast- und von Schankwirtschaften eigene Kinder unter zwölf Jahren überhaupt nicht und von den eigenen Kindern über zwölf Jahre Mädchen unter dreizehn Jahren sowie solche Mädchen über dreizehn Jahre, welche noch zum Besuche der Volksschule verpflichtet sind, nicht bei der Bedienung der Gäste beschäftigt werden dürfen. Die unteren Verwaltungsbehörden sind hinsichtlich der Altersgrenze, bis zu der herab sie Ausnahmen in der Beschäftigung der eigenen Kinder zulassen wollen, durch das Gesetz nicht beschränkt, doch wird grundsätzlich nicht unter das Alter von

zehn Jahren herabzugehen sein. Auch wenn hiernach Ausnahmen zugelassen werden, greifen die Bestimmungen des § 13 Abs. 1 des Gesetzes Platz, so daß eine Beschäftigung der Kinder zwischen acht Uhr abends und acht Uhr morgens sowie vor dem Vormittagsunterrichte und am Nachmittage eine Stunde nach beendetem Unterricht in allen Fällen ausgeschlossen bleibt, auch den Kindern stets um Mittag eine mindestens zweistündige Pause zu gewähren ist.

Die unteren Verwaltungsbehörden haben Ausnahmen nur für solche Orte und für solche kleineren Wirtschaftsbetriebe zuzulassen, wo nach Lage der Verhältnisse von der erweiterten Beschäftigung der eigenen Kinder sittliche Gefahren oder sonstige Nachteile für diese nicht zu befürchten sind und durch die angezogene Verbotsbestimmung ungerechtfertigte Härten hervorgerufen werden würden. Für die Vororte der größeren Städte ist in der Regel von der Zulassung einer erweiterten Beschäftigung der eigenen Kinder abzusehen.

Die Ausnahmen können auch allgemein für alle Gast- oder Schankwirtschaftsbetriebe der bezeichneten Art zugelassen werden. Sie sind sogleich zurückzunehmen, wenn sich Mißstände infolge der erweiterten Beschäftigung der eigenen Kinder herausstellen.

Vor der Zulassung der Ausnahmen ist die Schulaufsichtsbehörde zu hören.

G. Polizeiliche Verfügungen auf Grund des § 20.

23. Auf Grund des § 20 Abs. 1 des Gesetzes können polizeiliche Verfügungen nur hinsichtlich der Beschäftigung einzelner Kinder, und zwar sowohl fremder wie eigener, erlassen werden. Voraussetzung des Erlasses einer solchen Verfügung ist,

daß bei einer an sich nach den Bestimmungen des Gesetzes zulässigen Beschäftigung eines Kindes erhebliche Mißstände zutage getreten sind. Diese können sowohl auf gesundheitlichem Gebiete liegen wie hinsichtlich der geistigen oder sittlichen Entwickelung des Kindes hervorgetreten sein. Soweit es sich um gesundheitliche Schädigungen des Kindes handelt, ist über das Vorliegen der Voraussetzung in denjenigen Fällen, wo ein Schularzt angestellt ist, dieser zu hören.

Zum Erlaß der Verfügung ist die Polizeibehörde desjenigen Ortes zuständig, an welchem das Kind seinen letzten dauernden Aufenthalt gehabt hat. Die Verfügung kann von Amts wegen oder auf Antrag der Schulaufsichtsbehörde ergehen. Wenn sie von Amts wegen erlassen werden soll, so ist vorher die Schulaufsichtsbehörde zu hören.

Wird durch die polizeiliche Verfügung die Beschäftigung für ein Kind, für das eine Arbeitskarte erteilt ist (§ 11 des Gesetzes, Ziffer 11 ff. dieser Anweisung), untersagt, so hat die Polizeibehörde in der Verfügung zugleich die Entziehung der Arbeitskarte auszusprechen. Die Entziehung ist unter „Bemerkungen" in das Verzeichnis der Arbeitskarten (Ziffer 13) einzutragen. Erfolgt die Entziehung der Arbeitskarte nicht durch diejenige Ortspolizeibehörde, welche sie ausgestellt hat, so ist dieser behufs Eintragung in das Verzeichnis der Arbeitskarten davon Mitteilung zu machen. Ist die Arbeitskarte entzogen, so ist die Erteilung einer neuen Arbeitskarte grundsätzlich zu verweigern.

Ist für ein Kind, für das eine Arbeitskarte erteilt ist, nur eine Einschränkung der Beschäftigung verfügt, so hat die Polizeibehörde umgehend die Arbeitskarte einzufordern und erst nach Eintragung der Einschränkung in diese in der Abteilung „Bemerkungen" wieder auszuhändigen. Wegen der Eintragung in das Verzeichnis der Arbeitskarten finden die Vorschriften im vorhergehenden Absatz entsprechende Anwendung.

24. Gemäß § 20 Abs. 2 des Gesetzes kann für einzelne Gast- oder Schankwirtschaften die Beschäftigung sowohl fremder wie eigener Kinder über die durch §§ 7, 16 des Gesetzes gezogenen Grenzen im Wege der polizeilichen Verfügung eingeschränkt oder ganz verboten werden. Voraussetzung des Erlasses einer solchen Verfügung ist, daß sich infolge der Beschäftigung der Kinder erhebliche, die Sittlichkeit gefährdende Mißstände ergeben haben.

Zum Erlaß der Verfügung ist die Polizeibehörde desjenigen Ortes zuständig, in welchem die Gast- oder Schankwirtschaft betrieben wird.

25. Gegen die nach § 20 des Gesetzes ergehenden polizeilichen Verfügungen finden die allgemeinen Rechtsmittel gegen polizeiliche Verfügungen (§§ 127 ff. des Landesverwaltungsgesetzes) statt.

H. Aufsicht.

26. Die Aufsicht über die Ausführung:

a) der Vorschriften über die Beschäftigung von Kindern in dem mit dem Speditionsgeschäfte verbundenen Fuhrwerksbetriebe (§ 4 Abs. 1) sowie im Handelsgewerbe und in Verkehrsgewerben (§§ 5, 9 Abs. 1, 13, 20 Abs. 1),

b) der Vorschriften über die Beschäftigung von Kindern bei öffentlichen theatralischen Vorstellungen und anderen öffentlichen Schaustellungen (§§ 6, 9 Abs. 2, 15),

c) der Vorschriften über die Beschäftigung von Kindern im Betriebe von Gast- und von Schankwirtschaften (§§ 7, 9 Abs. 1, 16, 20),

— zu a bis c einschließlich der Beschäftigung beim Austragen von Waren und bei sonstigen Botengängen (§§ 8, 9 Abs. 3, 17) in diesen Betrieben —,

d) der die Anzeige betreffenden Bestimmungen (§ 10),

e) der die Arbeitskarte betreffenden Bestimmungen (§ 11), soweit es sich um die Beschäftigung im Handelsgewerbe, in Verkehrsgewerben und bei den unter b und c aufgeführten Beschäftigungsarten handelt,

wird von den Ortspolizeibehörden wahrgenommen.

Im übrigen wird die Aufsicht über die Ausführung der die Beschäftigung von Kindern regelnden Bestimmungen des Gesetzes von den Ortspolizeibehörden und den Gewerbeaufsichtsbeamten, hinsichtlich der unter Aufsicht der Bergbehörden stehenden Betriebe von dem Bergrevierbeamten ausgeübt.

27. Die Befolgung der gesetzlichen Bestimmungen ist bei jeder sich darbietenden Gelegenheit, insbesondere bei den von den Ortspolizeibehörden oder den Gewerbeaufsichtsbeamten aus anderem Anlaß vorzunehmenden Revisionen der Betriebe sorgfältig zu überwachen. Außerordentliche Revisionen sind nach Bedürfnis und insbesondere dann vorzunehmen, wenn der Verdacht einer gesetzwidrigen Beschäftigung von Kindern vorliegt.

28. Besondere Aufmerksamkeit ist den für Kinder verbotenen Beschäftigungsarten (§§ 4, 12) zuzuwenden.

Wenn sich aus der vom Arbeitgeber der Ortspolizeibehörde erstatteten Anzeige ergibt, daß Kinder in solchen Betrieben beschäftigt werden sollen, so ist von den Ortspolizeibehörden (Bergrevierbeamten) durch besondere bei den Gewerbeunternehmern von

Zeit zu Zeit vorzunehmende Revisionen sorgfältig zu überwachen, daß die Beschäftigung nur bei dem gesetzlich gestatteten Austragen von Waren und bei sonstigen Botengängen (§ 8) stattfindet.

In gleicher Weise haben die Ortspolizeibehörden die Befolgung der die Arbeitskarte betreffenden Bestimmungen zu überwachen.

29. An der Hand des nach Ziffer 10 Abs. 2 dieser Anweisung zu führenden Verzeichnisses sind die fremde Kinder beschäftigenden Werkstätten, in denen die Beschäftigung nicht nach § 4 des Gesetzes verboten ist (§ 5), in Zukunft halbjährlich mindestens einer ordentlichen Revision durch die Ortspolizeibehörde (Bergrevierbeamten) zu unterziehen. Bei jeder ordentlichen Revision hat der revidierende Beamte folgende Punkte festzustellen:

a) wie groß ist die Zahl der zur Zeit im Betriebe der Werkstatt nicht lediglich mit Austragen von Waren oder bei sonstigen Botengängen beschäftigten Kinder?

b) stimmen das Alter dieser Kinder, die tägliche Arbeitszeit, die Lage der Arbeitsstunden und die Dauer und Lage der Pause mit den gesetzlichen Vorschriften überein?

c) sind diese Kinder, soweit die Beschäftigung nicht bloß gelegentlich mit einzelnen Dienstleistungen erfolgt, sämtlich mit Arbeitskarten versehen?

30. Nach jeder Revision, welche in einem fremde Kinder beschäftigenden Betriebe stattgefunden hat, ist von der Ortspolizeibehörde (dem Bergrevierbeamten) das Datum und die festgestellte Anzahl der beschäftigten Kinder in das nach Ziffer 10 Abs. 2 zu führende Verzeichnis einzutragen. Das Verzeichnis ist dem zuständigen Gewerbeaufsichtsbeamten auf Ersuchen zur Einsicht vorzulegen.

31. Bei der Aufsicht über die Durchführung der für die Beschäftigung eigener Kinder geltenden Vorschriften ist der Bestimmung in § 13 Abs. 2 des Gesetzes besondere Aufmerksamkeit zuzuwenden, wonach eigene Kinder unter zwölf Jahren in der Wohnung oder Werkstätte einer Person, zu der sie in einem der in § 3 Abs. 1 bezeichneten Verhältnisse stehen, für Dritte nicht beschäftigt werden dürfen. Ferner ist die Bestimmung in § 21 Abs. 2 des Gesetzes zu beachten, wonach in Privatwohnungen, in denen ausschließlich eigene Kinder beschäftigt werden, Revisionen während der Nachtzeit nur stattfinden dürfen, wenn Tatsachen vorliegen, welche den Verdacht der Nachtbeschäftigung dieser Kinder begründen.

32. Wegen der Aufsichtstätigkeit der Gewerbeaufsichtsbeamten wird im übrigen auf die für letztere bestehenden Dienstanweisungen verwiesen.

Berlin, den 30. November 1903.

Der Minister für Handel und Gewerbe.
Möller.

Der Minister der geistlichen, Unterrichts- und Medizinal-Angelegenheiten.
Im Auftrage.
von Bremen.

Der Minister des Innern.
In Vertretung.
von Bischoffshausen.

I.

Verzeichnis

der

im Bezirke .... belegenen Betriebe,
in welchen fremde Kinder beschäftigt werden.

Erläuterungen.

In Spalte 4 ist jedesmal die bei der letzten Revision vorgefundene Zahl der Kinder einzutragen.

In Spalte 5 ist das Datum der nach § 10 des Gesetzes zu erstattenden Anzeigen und deren Aktennummer einzutragen.

In Spalte 8 sind die wegen Zuwiderhandlungen rechtsgültig erkannten Strafen einzutragen.

1.	2.	3.	4.		5.
Lfd. Nr.	Bezeichnung des Betriebes und Name des Arbeitgebers.	Betriebsstätte.	Anzahl der beschäftigten Kinder		Datum und Aktennummer der Anzeige.
			männlich.	weiblich.	

6.	7.	8.
Datum der vorgenommenen Revision.	Bestrafungen.	Bemerkungen.

II.

Verzeichnis

der

von ...... zu N. ..

im Jahre 19 ... ausgestellten Arbeitskarten.

1. Der Arbeitskarte: lfd. Nr.	1. Der Arbeitskarte: Datum der Ausstellung.	2. Des Inhabers oder der Inhaberin der Arbeitskarte: a) Vor- und Zuname.	2. b) Geburts- Tag.	2. b) Geburts- Jahr.	2. b) Geburts- Ort.	2. c) Aufenthaltsort während der bevorstehenden Beschäftigung.	Des a) Vor- und Zuname.

3. gesetzlichen Vertreters b) Stand.	3. c) letzter Wohnort.	4. Angabe, ob die Arbeitskarte auf Antrag oder mit Zustimmung des gesetzlichen Vertreters oder nach Ergänzung der Zustimmung des gesetzlichen Vertreters durch die Gemeindebehörde ausgestellt ist.	5. Angabe des Betriebes, in welchem das Kind beschäftigt werden soll, und der Betriebsstätte.	6. Bemerkungen

(Muster einer unausgefüllten Arbeitskarte.)

[Vorderseite.]

Arbeitskarte

für

....

....

geboren den

zu

Des gesetzlichen Vertreters

Name: ....

Stand: ....

Letzter Wohnort:

....

Eingetragen in das Verzeichnis des Jahres .. unter Nr.

Trocken-Stempel.

..................., den ....

Die Polizei-Verwaltung.

(Unterschrift.)

Bemerkungen. [Rückseite.]

Zur Beachtung für den Arbeitgeber.

Der Arbeitgeber hat diese Arbeitskarte während der Dauer des Arbeitsverhältnisses aufzubewahren, auf amtliches Verlangen vorzulegen und nach rechtmäßiger Lösung des Arbeitsverhältnisses dem gesetzlichen Vertreter des Kindes wieder auszuhändigen. Ist die Wohnung des gesetzlichen Vertreters nicht zu ermitteln, so ist die Arbeitskarte an die Ortspolizeibehörde desjenigen Ortes auszuhändigen, an welchem das Kind zuletzt seinen dauernden Aufenthaltsort gehabt hat.

(Muster einer ausgefüllten Arbeitskarte.) [Vorderseite.]

Arbeitskarte

für

Karl Johann Wilhelm

Schulze

geboren den *2. Dezember 1891*

zu ***Richtenberg,*** *Kreis Franzburg.*

Des gesetzlichen Vertreters

Name: *Johann Karl* ***Schulze,***

Stand: *Fuhrmann,*

Letzter Wohnort: ***Sagan,*** *Kreis Sagan.*

Eingetragen in das Verzeichnis des Jahres *1904* unter Nr. *14*

(Trocken-Stempel.) ***Sagan,*** den *10. Juli 1904.*

Die Polizei-Verwaltung.

(Unterschrift.)

Bemerkungen. [Rückseite.]

(Ausgestellt gegen Einlieferung einer von der Ortspolizeibehörde zu ***Schmiedeberg*** *unter Nr. 3 des Jahres 1904 ausgestellten Arbeitskarte).*

(Die Beschäftigung ist durch polizeiliche Verfügung der Polizeiverwaltung zu ***Sagan*** *vom 6. November 1904 No. I 206 auf zwei Stunden täglich eingeschränkt).*

(Gültig nur für die Beschäftigung bei öffentlichen theatralischen Vorstellungen).

Zur Beachtung für den Arbeitgeber.

Der Arbeitgeber hat diese Arbeitskarte während der Dauer des Arbeitsverhältnisses aufzubewahren, auf amtliches Verlangen vorzulegen und nach rechtmäßiger Lösung des Arbeitsverhältnisses dem gesetzlichen Vertreter des Kindes wieder auszuhändigen. Ist die Wohnung des gesetzlichen Vertreters nicht zu ermitteln, so ist die Arbeitskarte an die Ortspolizeibehörde desjenigen Ortes auszuhändigen, an welchem das Kind zuletzt seinen dauernden Aufenthalt gehabt hat.

III.

Auszug aus der Gewerbeordnung.

Nachstehend sind diejenigen Paragraphen der Gewerbeordnung, auf welche oben Bezug genommen ist, fortlaufend unter den Titeln und Unterabteilungen, zu welchen sie gehören, dem Wortlaute nach abgedruckt.

Tit. I. Allgemeine Bestimmungen.

§ 6. Das gegenwärtige Gesetz findet keine Anwendung auf die Fischerei, die Errichtung und Verlegung von Apotheken, die Erziehung von Kindern gegen Entgelt, das Unterrichtswesen, die advokatorische und Notariats-Praxis, den Gewerbebetrieb der Auswanderungsunternehmer und Auswanderungsagenten, der Versicherungsunternehmer und der Eisenbahnunternehmungen, die Befugnis zum Halten öffentlicher Fähren und die Rechtsverhältnisse der Schiffsmannschaften auf den Seeschiffen. — Auf das Bergwesen, die Ausübung der Heilkunde, den Verkauf von Arzneimitteln, den Vertrieb von Lotterielosen und die Viehzucht findet das gegenwärtige Gesetz nur insoweit Anwendung, als dasselbe ausdrückliche Bestimmungen darüber enthält.

Durch Kaiserliche Verordnung wird bestimmt, welche Apothekerwaren dem freien Verkehre zu überlassen sind.

Tit. II. Stehender Gewerbebetrieb.

III. Umfang, Ausübung und Verlust der Gewerbebefugnisse.

§ 41a. Soweit nach den Bestimmungen der §§ 105b bis 105h Gehilfen, Lehrlinge und Arbeiter im Handelsgewerbe an Sonn- und Festtagen nicht beschäftigt werden dürfen, darf in offenen Verkaufsstellen ein Gewerbebetrieb an diesen Tagen nicht stattfinden. Diese Bestimmung findet auf den Geschäftsbetrieb von Konsum- und anderen Vereinen entsprechende Anwendung.

Weitergehenden landesgesetzlichen Beschränkungen des Gewerbebetriebs an Sonn- und Festtagen steht diese Bestimmung nicht entgegen.

§ 42b. Abs. 5. Kinder unter 14 Jahren dürfen, auch wenn eine Bestimmung nach Abs. 1 nicht getroffen ist, auf öffentlichen Wegen, Straßen, Plätzen oder an öffentlichen Orten oder ohne vorgängige Bestellung von Haus zu Haus Gegenstände nicht feilbieten. In Orten, wo ein derartiges Feilbieten durch Kinder herkömmlich ist, darf die Ortspolizeibehörde ein solches für bestimmte Zeitabschnitte, welche in einem Kalenderjahre zusammen vier Wochen nicht überschreiten dürfen, gestatten.

Tit. III. Gewerbebetrieb im Umherziehen.

§ 55a. An Sonn- und Festtagen (§ 105a Abs. 2) ist der Gewerbebetrieb im Umherziehen, soweit er unter § 55 Abs. 1 Ziffer 1 bis 3 fällt, sowie der Gewerbebetrieb der im § 42b bezeichneten Personen verboten.

Ausnahmen können von der unteren Verwaltungsbehörde zugelassen werden. Der Bundesrat ist ermächtigt, über die Voraussetzungen und Bedingungen, unter denen Ausnahmen zugelassen werden dürfen, Bestimmungen zu erlassen.

§ 57a. Der Wandergewerbeschein ist in der Regel zu versagen:

1. wenn der Nachsuchende das fünfundzwanzigste Lebensjahr noch nicht vollendet hat.

   Im Falle der Ziffer 1 ist dem Nachsuchenden der Wandergewerbeschein zu erteilen, wenn er der Ernährer einer Familie ist und bereits vier Jahre im Wandergewerbe tätig gewesen ist;

2. wenn er blind, taub oder stumm ist, oder an Geistesschwäche leidet.

§ 59. Eines Wandergewerbescheins bedarf nicht:

1. wer selbstgewonnene oder rohe Erzeugnisse der Land- und Forstwirtschaft, des Garten- und Obstbaues, der Geflügel- und Bienenzucht sowie selbstgewonnene Erzeugnisse der Jagd und Fischerei feilbietet;
2. wer in der Umgegend seines Wohnorts bis zu 15 Kilometer Entfernung von demselben selbstverfertigte Waren, welche zu den Gegenständen des Wochenmarktverkehrs gehören, feilbietet oder gewerbliche Leistungen, hinsichtlich deren dies Landesgebrauch ist, anbietet;
3. wer selbstgewonnene Erzeugnisse oder selbstverfertigte Waren, hinsichtlich deren dies Landesgebrauch ist, zu Wasser anfährt und von dem Fahrzeuge aus feilbietet;
4. wer bei öffentlichen Festen, Truppenzusammenziehungen oder anderen außergewöhnlichen Gelegenheiten mit Erlaubnis der Ortspolizeibehörde die von derselben zu bestimmenden Waren feilbietet.

Die Landesregierungen können in weiterem Umfange den Gewerbebetrieb im Umherziehen mit Gegenständen des gemeinen Verbrauchs ohne Wandergewerbeschein innerhalb ihres Gebiets gestatten.

§ 60b. Minderjährigen Personen kann in dem Wandergewerbescheine die Beschränkung auferlegt werden, daß sie das Gewerbe nicht nach Sonnenuntergang, und minderjährigen Personen weiblichen Geschlechts kann außerdem die Beschränkung auferlegt werden, daß sie dasselbe nur auf öffentlichen Wegen, Straßen und Plätzen, nicht aber von Haus zu Haus betreiben dürfen.

Desgleichen kann von der Ortspolizeibehörde minderjährigen Personen verboten werden, daß sie innerhalb des Polizeibezirkes die im § 59 Ziffer 1 und 2 aufgeführten Gegenstände nach Sonnenuntergang, und minderjährigen Personen weiblichen Geschlechts, daß sie dieselben Gegenstände von Haus zu Haus feilbieten.

Das Feilbieten der im § 59 Ziffer 1 und 2 bezeichneten Gegenstände durch Kinder unter vierzehn Jahren kann von der Ortspolizeibehörde verboten werden.

§ 62. Wer beim Gewerbebetrieb im Umherziehen andere Personen von Ort zu Ort mit sich führen will, bedarf der Erlaubnis derjenigen Behörde, welche den Wandergewerbeschein erteilt hat, oder in deren Bezirke sich der Nachsuchende befindet. Die Erlaubnis wird in dem Wandergewerbeschein unter näherer Bezeichnung dieser Personen vermerkt.

Die Erlaubnis ist zu versagen, insoweit bei ihnen eine der im § 57 bezeichneten Voraussetzungen zutrifft; außerdem darf dieselbe nur dann versagt werden, insoweit eine der im § 57a und § 57b bezeichneten Voraussetzungen vorliegt. Die Zurücknahme der Erlaubnis erfolgt nach Maßgabe des § 58 durch eine für deren Erteilung zuständige Behörde.

Die Mitführung von Kindern unter 14 Jahren zu gewerblichen Zwecken ist verboten.

Die Erlaubnis zur Mitführung von Kindern, welche schulpflichtig sind, ist zu versagen und die bereits erteilte Erlaubnis zurückzunehmen, wenn nicht für einen ausreichenden Unterricht der Kinder gesorgt ist.

Die Erlaubnis zur Mitführung von Kindern unter vierzehn Jahren kann versagt und von der für die Erteilung derselben zuständigen Behörde zurückgenommen werden. Dasselbe gilt von der Erlaubnis zur Mitführung von Personen anderen Geschlechts mit Ausnahme der Ehegatten und der über vierzehn Jahre alten eigenen Kinder und Enkel.

Tit. VII. Gewerbliche Arbeiter (Gesellen, Gehilfen, Lehrlinge, Betriebsbeamte, Werkmeister, Techniker, Fabrikarbeiter).

I. Allgemeine Verhältnisse.

§ 105a. Zum Arbeiten an Sonn- und Festtagen können die Gewerbtreibenden die Arbeiter nicht verpflichten. Arbeiten, welche nach den Bestimmungen dieses Gesetzes auch an Sonn- und Festtagen vorgenommen werden dürfen, fallen unter die vorstehende Bestimmung nicht.

Welche Tage als Festtage gelten, bestimmen unter Berücksichtigung der örtlichen und konfessionellen Verhältnisse die Landesregierungen.

§ 105b. Im Betriebe von Bergwerken, Salinen, Aufbereitungsanstalten, Brüchen und Gruben, von Hüttenwerken, Fabriken und Werkstätten, von Zimmerplätzen und anderen Bauhöfen, von Werften und Ziegeleien sowie bei Bauten aller Art dürfen Arbeiter an Sonn- und Festtagen nicht beschäftigt werden. Die den Arbeitern zu gewährende Ruhe hat mindestens für jeden Sonn- und Festtag vierundzwanzig, für zwei aufeinander folgende Sonn- und Festtage sechsunddreißig, für das Weihnachts-, Oster- und Pfingstfest achtundvierzig Stunden zu dauern. Die Ruhezeit ist von zwölf Uhr nachts zu rechnen und muß bei zwei aufeinander folgenden Sonn- und Festtagen bis sechs Uhr abends des zweiten Tages dauern. In Betrieben mit regelmäßiger Tag- und Nachtschicht kann die Ruhezeit frühestens um sechs Uhr abends des vorhergehenden Werktags, spätestens um sechs Uhr morgens des Sonn- oder Festtags beginnen, wenn für die auf den Beginn der Ruhezeit folgenden vierundzwanzig Stunden der Betrieb ruht.

Im Handelsgewerbe dürfen Gehilfen, Lehrlinge und Arbeiter am ersten Weihnachts-, Oster- und Pfingsttag überhaupt nicht, im übrigen an Sonn- und Festtagen nicht länger als fünf Stunden beschäftigt werden. Durch statutarische Bestimmung einer Gemeinde oder eines weiteren Kommunalverbandes (§ 142) kann diese Beschäftigung für alle oder einzelne Zweige des Handelsgewerbes auf kürzere Zeit eingeschränkt oder ganz untersagt werden. Für die letzten vier Wochen vor Weihnachten sowie für einzelne Sonn- und Festtage, an welchen örtliche Verhältnisse einen erweiterten Geschäftsverkehr erforderlich machen, kann die Polizeibehörde eine Vermehrung der Stunden, während welcher die Beschäftigung stattfinden darf, bis auf zehn Stunden zulassen. Die Stunden, während welcher die Beschäftigung stattfinden darf, werden unter Berücksichtigung der für den öffentlichen Gottesdienst bestimmten Zeit, sofern die Beschäftigungszeit durch statutarische Bestimmungen eingeschränkt worden ist, durch letztere, im übrigen von der Polizeibehörde festgestellt. Die Feststellung kann für verschiedene Zweige des Handelsgewerbes verschieden erfolgen.

Die Bestimmungen des Abs. 2 finden auf die Beschäftigung von Gehilfen, Lehrlingen und Arbeitern im Geschäftsbetriebe von Konsum- und anderen Vereinen entsprechende Anwendung.

§ 105g. Das Verbot der Beschäftigung von Arbeitern an Sonn- und Festtagen kann durch Kaiserliche Verordnung mit Zustimmung des Bundesrats auf andere Gewerbe ausgedehnt werden. Diese Verordnungen sind dem Reichstage bei seinem nächsten Zusammentritte zur Kenntnisnahme vorzulegen. Auf die von dem Verbote zuzulassenden Ausnahmen finden die Bestimmungen der §§ 105c bis 105f entsprechende Anwendung.

§ 105h. Die Bestimmungen der §§ 105a bis 105g stehen weitergehenden landesgesetzlichen Beschränkungen der Arbeit an Sonn- und Festtagen nicht entgegen.

Den Landes-Zentralbehörden bleibt vorbehalten, für einzelne Festtage, welche nicht auf einen Sonntag fallen, Abweichungen von der Vorschrift des § 105b Abs. 1 zu gestatten. Auf das Weihnachts-, Neujahrs-, Oster-,

Himmelfahrts- und Pfingstfest findet diese Bestimmung keine Anwendung.

§ 105i. Der § 105a Abs. 1 und die §§ 105b bis 105g finden auf Gast- und Schankwirtschaftsgewerbe, Musikaufführungen, Schaustellungen, theatralische Vorstellungen oder sonstige Lustbarkeiten sowie auf Verkehrsgewerbe keine Anwendung.

Die Gewerbetreibenden können die Arbeiter in diesen Gewerben nur zu solchen Arbeiten an Sonn- und Festtagen verpflichten, welche nach der Natur des Gewerbebetriebs einen Aufschub oder eine Unterbrechung nicht gestatten.

§ 120c. Gewerbeunternehmer, welche Arbeiter unter achtzehn Jahren beschäftigen, sind verpflichtet, bei der Einrichtung der Betriebsstätte und bei der Regelung des Betriebs diejenigen besonderen Rücksichten auf Gesundheit und Sittlichkeit zu nehmen, welche durch das Alter dieser Arbeiter geboten sind.

§ 120e. Durch Beschluß des Bundesrats können Vorschriften darüber erlassen werden, welchen Anforderungen in bestimmten Arten von Anlagen zur Durchführung der in den §§ 120a bis 120c enthaltenen Grundsätze zu genügen ist.

Soweit solche Vorschriften durch Beschluß des Bundesrats nicht erlassen sind, können dieselben durch Anordnung der Landes-Zentralbehörden oder durch Polizeiverordnungen der zum Erlasse solcher berechtigten Behörden erlassen werden. Vor dem Erlasse solcher Anordnungen und Polizeiverordnungen ist den Vorständen der beteiligten Berufsgenossenschaften oder Berufsgenossenschafts-Sektionen Gelegenheit zu einer gutachtlichen Äußerung zu geben. Auf diese finden die Bestimmungen des § 113 Abs. 2, 4 und des § 115 Abs. 4 Satz 1 des Gewerbe-Unfallversicherungsgesetzes (Reichs-Gesetzbl. 1900 S. 573, 585) Anwendung.

Durch Beschluß des Bundesrats können für solche Gewerbe, in welchen durch übermäßige Dauer der täglichen Arbeitszeit die Gesundheit der Arbeiter gefährdet wird, Dauer, Beginn und Ende der zulässigen täglichen Arbeitszeit und der zu gewährenden Pausen vorgeschrieben und die zur Durchführung dieser Vorschriften erforderlichen Anordnungen erlassen werden.

Die durch Beschluß des Bundesrats erlassenen Vorschriften sind durch das Reichs-Gesetzblatt zu veröffentlichen und dem Reichstage bei seinem nächsten Zusammentritte zur Kenntnisnahme vorzulegen.

IV. Verhältnis der Fabrikarbeiter.

§ 135. Kinder unter dreizehn Jahren dürfen in Fabriken nicht beschäftigt werden. Kinder über dreizehn Jahre dürfen in Fabriken nur beschäftigt werden, wenn sie nicht mehr zum Besuche der Volksschule verpflichtet sind.

Die Beschäftigung von Kindern unter vierzehn Jahren darf die Dauer von sechs Stunden täglich nicht überschreiten.

Junge Leute zwischen vierzehn und sechzehn Jahren dürfen in Fabriken nicht länger als zehn Stunden täglich beschäftigt werden.

§ 136. Die Arbeitsstunden der jugendlichen Arbeiter (§ 135) dürfen nicht vor fünfeinhalb Uhr morgens beginnen und nicht über achteinhalb Uhr abends dauern. Zwischen den Arbeitsstunden müssen an jedem Arbeitstage regelmäßige Pausen gewährt werden. Für jugendliche Arbeiter, welche nur sechs Stunden täglich beschäftigt werden, muß die Pause mindestens eine halbe Stunde betragen. Den übrigen jugendlichen Arbeitern muß mindestens mittags eine einstündige, sowie vormittags und nachmittags je eine halbstündige Pause gewährt werden. Eine Vor- und Nachmittagspause braucht nicht gewährt zu werden, sofern die jugendlichen Arbeiter täglich nicht länger als acht Stunden beschäftigt werden, und die Dauer ihrer durch eine Pause nicht unterbrochenen Arbeitszeit am Vor- und Nachmittage je vier Stunden nicht übersteigt.

Während der Pausen darf den jugendlichen Arbeitern eine Beschäftigung in dem Fabrikbetrieb überhaupt nicht und der Aufenthalt in den Arbeitsräumen nur dann gestattet werden, wenn in denselben diejenigen Teile des Betriebs, in welchen jugendliche Arbeiter beschäftigt sind, für die Zeit der Pausen völlig eingestellt werden oder wenn der Aufenthalt im Freien nicht tunlich und andere geeignete Aufenthaltsräume ohne unverhältnismäßige Schwierigkeiten nicht beschafft werden können.

An Sonn- und Festtagen sowie während der von dem ordentlichen Seelsorger für den Katechumenen- und Konfirmanden-, Beicht- und Kommunionunterricht bestimmten Stunden dürfen jugendliche Arbeiter nicht beschäftigt werden.

§ 137. Arbeiterinnen dürfen in Fabriken nicht in der Nachtzeit von achteinhalb Uhr abends bis fünfeinhalb Uhr morgens und am Sonnabend sowie an Vorabenden der Festtage nicht nach fünfeinhalb Uhr nachmittags beschäftigt werden.

Die Beschäftigung von Arbeiterinnen über sechzehn Jahre darf die Dauer von elf Stunden täglich, an den Vorabenden der Sonn- und Festtage von zehn Stunden, nicht überschreiten.

Zwischen den Arbeitsstunden muß den Arbeiterinnen eine mindestens einstündige Mittagspause gewährt werden.

Arbeiterinnen über sechzehn Jahre, welche ein Hauswesen zu besorgen haben, sind auf ihren Antrag eine halbe Stunde vor der Mittagspause zu entlassen, sofern diese nicht mindestens ein und eine halbe Stunde beträgt.

Wöchnerinnen dürfen während vier Wochen nach ihrer Niederkunft überhaupt nicht und während der folgenden zwei Wochen nur beschäftigt werden, wenn das Zeugnis eines approbierten Arztes dies für zulässig erklärt.

§ 138. Sollen Arbeiterinnen oder jugendliche Arbeiter in Fabriken beschäftigt werden, so hat der Arbeitgeber vor dem Beginne der Beschäftigung der Ortspolizeibehörde eine schriftliche Anzeige zu machen.

In der Anzeige sind die Fabrik, die Wochentage, an welchen die Beschäftigung stattfinden soll, Beginn und Ende der Arbeitszeit und der Pausen, sowie die Art der Beschäftigung anzugeben. Eine Änderung hierin darf, abgesehen von Verschiebungen, welche durch Ersetzung behinderter Arbeiter für einzelne Arbeitsschichten notwendig werden, nicht erfolgen, bevor eine entsprechende weitere Anzeige der Behörde gemacht ist. In jeder Fabrik hat der Arbeitgeber dafür zu sorgen, daß in den Fabrikräumen, in welchen jugendliche Arbeiter beschäftigt werden, an einer in die Augen fallenden Stelle ein Verzeichnis der jugendlichen Arbeiter unter Angabe ihrer Arbeitstage, sowie des Beginns und Endes ihrer Arbeitszeit und der Pausen ausgehängt ist. Ebenso hat er dafür zu sorgen, daß in den betreffenden Räumen eine Tafel ausgehängt ist, welche in der von der Zentralbehörde zu bestimmenden Fassung und in deutlicher Schrift einen Auszug aus den Bestimmungen über die Beschäftigung von Arbeiterinnen und jugendlichen Arbeitern enthält.

§ 139. Wenn Naturereignisse oder Unglücksfälle den regelmäßigen Betrieb einer Fabrik unterbrochen haben, so können Ausnahmen von den im § 135 Abs. 2, 3, in §§ 136, 137 Abs. 1 bis 3 vorgesehenen Beschränkungen auf die Dauer von vier Wochen durch die höhere Verwaltungsbehörde, auf längere Zeit durch den Reichskanzler zugelassen werden. In dringenden Fällen solcher Art sowie zur Verhütung von Unglücksfällen kann die untere Verwaltungsbehörde, jedoch höchstens auf die Dauer von vierzehn Tagen, solche Ausnahmen gestatten.

Wenn die Natur des Betriebs oder Rücksichten auf die Arbeiter in einzelnen Fabriken es erwünscht erscheinen lassen, daß die Arbeitszeit der Arbeiterinnen oder jugendlichen Arbeiter in einer anderen als der durch §§ 136 und 137 Abs. 1, 3 vorgesehenen Weise geregelt wird, so kann auf besonderen Antrag eine anderweite Regelung hinsichtlich der Pausen durch die höhere Verwaltungsbehörde, im übrigen durch den Reichskanzler gestattet werden. Jedoch dürfen in solchen Fällen die jugendlichen Arbeiter nicht länger als sechs Stunden beschäftigt werden, wenn zwischen den Arbeitsstunden nicht Pausen von zusammen mindestens einstündiger Dauer gewährt werden.

Die auf Grund vorstehender Bestimmungen zu treffenden Verfügungen müssen schriftlich erlassen werden.

§ 139 a. Der Bundesrat ist ermächtigt:

1. die Verwendung von Arbeiterinnen sowie von jugendlichen Arbeitern für gewisse Fabrikationszweige, welche mit besonderen Gefahren für Gesundheit oder Sittlichkeit verbunden sind, gänzlich zu untersagen oder von besonderen Bedingungen abhängig zu machen;
2. für Fabriken, welche mit ununterbrochenem Feuer betrieben werden, oder welche sonst durch die Art des Betriebs auf eine regelmäßige Tag- und Nachtarbeit angewiesen sind, sowie für solche Fabriken, deren Betrieb eine Einteilung in regelmäßige Arbeitsschichten von gleicher Dauer nicht gestattet oder seiner Natur nach auf bestimmte Jahreszeiten beschränkt ist, Ausnahmen von den im § 135 Abs. 2, 3, in §§ 136, 137 Abs. 1 bis 3 vorgesehenen Bestimmungen nachzulassen;

3. für gewisse Fabrikationszweige, soweit die Natur des Betriebs oder die Rücksicht auf die Arbeiter es erwünscht erscheinen lassen, die Abkürzung oder den Wegfall der für jugendliche Arbeiter vorgeschriebenen Pausen zu gestatten;
4. für Fabrikationszweige, in denen regelmäßig zu gewissen Zeiten des Jahres ein vermehrtes Arbeitsbedürfnis eintritt, Ausnahmen von den Bestimmungen des § 137 Abs. 1, 2 mit der Maßgabe zuzulassen, daß die tägliche Arbeitszeit dreizehn Stunden, an Sonnabenden zehn Stunden nicht überschreitet.

In den Fällen zu 2 darf die Dauer der wöchentlichen Arbeitszeit für Kinder sechsunddreißig Stunden, für junge Leute sechzig, für Arbeiterinnen fünfundsechzig, in Ziegeleien für junge Leute und Arbeiterinnen siebzig Stunden nicht überschreiten. Die Nachtarbeit darf in vierundzwanzig Stunden die Dauer von zehn Stunden nicht überschreiten und muß in jeder Schicht durch eine oder mehrere Pausen in der Gesamtdauer von mindestens einer Stunde unterbrochen sein. Die Tagschichten und Nachtschichten müssen wöchentlich wechseln.

In den Fällen zu 3 dürfen die jugendlichen Arbeiter nicht länger als sechs Stunden beschäftigt werden, wenn zwischen den Arbeitsstunden nicht eine oder mehrere Pausen von zusammen mindestens einstündiger Dauer gewährt werden.

In den Fällen zu 4 darf die Erlaubnis zur Überarbeit für mehr als vierzig Tage im Jahre nur dann erteilt werden, wenn die Arbeitszeit so geregelt wird, daß ihre tägliche Dauer im Durchschnitte der Betriebstage des Jahres die regelmäßige gesetzliche Arbeitszeit nicht überschreitet.

Die durch Beschluß des Bundesrats getroffenen Bestimmungen sind zeitlich zu begrenzen und können auch für bestimmte Bezirke erlassen werden. Sie sind durch das Reichs-Gesetzblatt zu veröffentlichen und dem Reichstage bei seinem nächsten Zusammentritte zur Kenntnisnahme vorzulegen.

V. Aufsicht.

§ 139 b. Die Aufsicht über die Ausführung der Bestimmungen der §§ 105a, 105b Abs. 1, der §§ 105c bis 105h, 120a bis 120e, 134 bis 139a ist ausschließlich oder neben den ordentlichen Polizeibehörden besonderen von den Landesregierungen zu ernennenden Beamten zu übertragen. Denselben stehen bei Ausübung dieser Aufsicht alle amtlichen Befugnisse der Ortspolizeibehörden, insbesondere das Recht zur jederzeitigen Revision der Anlagen zu. Sie sind, vorbehaltlich der Anzeige von Gesetzwidrigkeiten, zur Geheimhaltung der amtlich zu ihrer Kenntnis gelangenden Geschäfts- und Betriebsverhältnisse der ihrer Revision unterliegenden Anlagen zu verpflichten.

Die Ordnung der Zuständigkeitsverhältnisse zwischen diesen Beamten und den ordentlichen Polizeibehörden bleibt der verfassungsmäßigen Regelung in den einzelnen Bundesstaaten vorbehalten.

Die erwähnten Beamten haben Jahresberichte über ihre amtliche Tätigkeit zu erstatten. Diese Jahresberichte oder Auszüge aus denselben sind dem Bundesrat und dem Reichstage vorzulegen.

Die auf Grund der Bestimmungen der §§ 105a bis 105h, 120a bis 120e, 134 bis 139a auszuführenden amtlichen Revisionen müssen die Arbeitgeber zu jeder Zeit, namentlich auch in der Nacht, während des Betriebs gestatten.

Die Arbeitgeber sind ferner verpflichtet, den genannten Beamten oder der Polizeibehörde diejenigen statistischen Mitteilungen über die Verhältnisse ihrer Arbeiter zu machen, welche vom Bundesrat oder von der Landes-Zentralbehörde unter Festsetzung der dabei zu beobachtenden Fristen und Formen vorgeschrieben werden.

Tit. X. Strafbestimmungen.

§ 146. Mit Geldstrafe bis zu zweitausend Mark und im Unvermögensfalle mit Gefängnis bis zu sechs Monaten werden bestraft:

1. Gewerbetreibende, welche dem § 115 zuwiderhandeln;
2. Gewerbetreibende, welche den §§ 135 bis 137, 139c oder den auf Grund der §§ 139, 139a getroffenen Verfügungen zuwiderhandeln;
3. Gewerbetreibende, welche dem § 111 Abs. 3, § 113 Abs. 3 oder dem § 114a Abs. 3, soweit daselbst die Bestimmungen des § 111 Abs. 3 für anwendbar erklärt worden sind, zuwiderhandeln;
4. wer dem § 56 Ziffer 6 zuwiderhandelt.

Die Geldstrafen fließen der im § 116 bezeichneten Kasse zu.

Der § 75 des Gerichtsverfassungsgesetzes findet Anwendung.

§ 146a. Mit Geldstrafe bis zu sechshundert Mark, im Unvermögensfalle mit Haft wird bestraft, wer den §§ 105b bis 105g oder den auf Grund derselben erlassenen Anordnungen zuwider Arbeitern an Sonn- und Festtagen Beschäftigung gibt oder den §§ 41a, 55a, 139e, 139f Abs. 4 oder den auf Grund des § 105b Abs. 2 erlassenen statutarischen Bestimmungen oder den auf Grund des § 41b oder des § 139f Abs. 1 getroffenen Anordnungen zuwiderhandelt.

§ 150. Mit Geldstrafe bis zu zwanzig Mark und im Unvermögensfalle mit Haft bis zu drei Tagen für jeden Fall der Verletzung des Gesetzes wird bestraft:

1. wer den Bestimmungen der §§ 106 bis 112 zuwider einen Arbeiter in Beschäftigung nimmt oder behält;
2. wer außer dem im § 146 Ziffer 3 vorgesehenen Falle den Bestimmungen dieses Gesetzes in Ansehung der Arbeitsbücher, Lohnbücher oder Arbeitszettel zuwiderhandelt;
3. wer vorsätzlich ein auf seinen Namen ausgestelltes Arbeitsbuch unbrauchbar macht oder vernichtet;
4. wer den Bestimmungen des § 120 Abs. 1, des § 139 i oder einer auf Grund des § 120 Abs. 3 erlassenen statutarischen Bestimmung zuwiderhandelt;

4a. der Lehrherr, welcher den Lehrvertrag nicht ordnungsmäßig abschließt (§ 103e Abs. 1 Ziffer 1 und § 126b);

5. wer es unterläßt, den durch § 134c Abs. 3, § 139k Abs. 4 für ihn begründeten Verpflichtungen nachzukommen.

Landesgesetzliche Vorschriften gegen die Verletzung der Schulpflicht, nach welchen eine höhere Strafe eintritt, werden durch die Bestimmung unter Ziffer 4 nicht berührt.

§ 151. Sind bei der Ausübung des Gewerbes polizeiliche Vorschriften von Personen übertreten worden, welche der Gewerbetreibende zur Leitung des Betriebs oder eines Teiles desselben oder zur Beaufsichtigung bestellt hatte, so trifft die Strafe diese letzteren. Der Gewerbetreibende ist neben denselben strafbar, wenn die Übertretung mit seinem Vorwissen begangen ist oder wenn er bei der nach den Verhältnissen möglichen eigenen Beaufsichtigung des Betriebs, oder bei der Auswahl oder der Beaufsichtigung der Betriebsleiter oder Aufsichtspersonen es an der erforderlichen Sorgfalt hat fehlen lassen.

Ist an eine solche Übertretung der Verlust der Konzession, Approbation oder Bestallung geknüpft, so findet derselbe auch als Folge der von dem Stellvertreter begangenen Übertretung statt, wenn diese mit Vorwissen des verfügungsfähigen Vertretenen begangen worden. Ist dies nicht der Fall, so ist der Vertretene bei Verlust der Konzession, Approbation u. s. w. verpflichtet, den Stellvertreter zu entlassen.

Schlußbestimmungen.

§ 154. Die Bestimmungen der §§ 105 bis 133e, 139c bis 139m finden auf Gehilfen und Lehrlinge in Apotheken, die Bestimmungen der §§ 105, 106 bis 119b sowie, vorbehaltlich des § 139g Abs. 1 und der §§ 139h, 139l, 139m, die Bestimmungen der §§ 120a bis 133e auf Gehilfen und Lehrlinge in Handelsgeschäften keine Anwendung.

Die Bestimmungen der §§ 134 bis 139b finden auf Arbeitgeber und Arbeiter in Hüttenwerken, in Zimmerplätzen und anderen Bauhöfen, in Werften sowie in solchen Ziegeleien, über Tage betriebenen Brüchen und Gruben, welche nicht bloß vorübergehend oder in geringem Umfange betrieben werden, entsprechende Anwendung. Darüber, ob die Anlage vorübergehend oder in geringerem Umfange betrieben wird, entscheidet die höhere Verwaltungsbehörde endgültig.

Die Bestimmungen der §§ 135 bis 139b finden auf Arbeitgeber und Arbeiter in Werkstätten, in welchen durch elementare Kraft (Dampf, Wind, Wasser, Gas, Luft, Elektrizität u. s. w.) bewegte Triebwerke nicht bloß vorübergehend zur Verwendung kommen, mit der Maßgabe entsprechende Anwendung, daß der Bundesrat für gewisse Arten von Betrieben Ausnahmen von den im § 135 Abs. 2, 3, §§ 136, 137 Abs. 1 bis 3 und § 138 vorgesehenen Bestimmungen nachlassen kann.

Auf andere Werkstätten sowie auf Bauten können durch Kaiserliche Verordnung mit Zustimmung des Bundesrats die Bestimmungen der §§ 135 bis 139b ganz oder teilweise ausgedehnt werden. Werkstätten, in welchen der Arbeitgeber ausschließlich zu seiner Familie gehörige Personen beschäftigt, fallen unter diese Bestimmungen nicht.

Die Kaiserlichen Verordnungen sowie die Ausnahmebestimmungen des Bundesrats können auch für bestimmte Bezirke erlassen werden. Sie sind durch das Reichs-Gesetzblatt zu veröffentlichen und dem Reichstage bei seinem nächsten Zusammentritte zur Kenntnisnahme vorzulegen.

Kaiserliche Verordnung, betr. die Inkraftsetzung der im § 154 Abs. 3 der GO. getroffenen Bestimmung. Vom 9. Juli 1900 (RGBl. S. 565).

Die Bestimmung des § 154 Abs. 3 der Gewerbeordnung tritt am 1. Januar 1901 mit der Maßgabe in Kraft, daß auf die dort bezeichneten Werkstätten mit Motorbetrieb, vorbehaltlich der Ausnahmen, welche der Bundesrat zuläßt, die §§ 135 bis 138, 139a, 139b, sofern aber in diesen Werkstätten in der Regel zehn oder mehr Arbeiter beschäftigt werden und es sich nicht um Betriebe der Kleider- und Wäschekonfektion (§ 1 der Verordnung vom 31. Mai 1897 — Reichs-Gesetzbl. S. 459 —) handelt, auch die §§ 138a, 139 der Gewerbeordnung entsprechende Anwendung finden.

Die gegenwärtige Verordnung erstreckt sich nicht auf Werkstätten mit Motorbetrieb, in denen der Arbeitgeber ausschließlich zu seiner Familie gehörige Personen beschäftigt.

Sachregister.

A.

Adoptierte Kinder gelten als eigene S. 40, 42 A. 6.

Anzeige der Beschäftigung von Kindern S. 71 § 10, 142; der Beschäftigung von Arbeiterinnen und jugendlichen Arbeitern S. 168 § 138; Strafe bei Unterlassung S. 111 § 26.

Arbeiter, jugendliche S. 10; Bestimmungen über die Beschäftigung von —— S. 25 A. ff.; Anzeige der Beschäftigung S. 168 § 138; Dauer der Arbeitszeit S. 166 § 135, 169; Beschränkung der Sonntagsarbeit S. 166 f.; Strafbestimmungen S. 172 § 146.

Arbeiterinnen, Beschränkung der Arbeitszeit S. 167 § 137, 129; Anzeige der Beschäftigung S. 167 § 138; Strafbestimmungen S. 172 § 146.

Arbeiterschutzgesetz S. 12.

Arbeitgeber, Anzeigepflicht bei Beschäftigung von Kindern S. 71 § 10; Aushändigung von Arbeitskarten S. 73 § 11; Anzeigepflicht bei Beschäftigung von Arbeiterinnen und jugendlichen Arbeitern S. 168 § 138; Verpflichtung zu statistischen Mitteilungen S. 171 § 139 b; Strafbestimmungen S. 111 § 26, 172 ff.

Arbeitskarte für Kinder S. 73 § 11, 75 A. 3, 145; Entziehung durch die Polizeibehörde S. 98 § 20; Strafbestimmungen S. 111 § 27, 173; Muster S. 157.

Arbeitsvertrag, Beschränkungen des freien — für Kinder S. 26; gewerblicher — für Kinder nicht erforderlich S. 26.

Arbeitszeit, Beschränkung für Arbeiterinnen und

jugendliche Arbeiter S. 166, 169.

Aufsicht S. 101 § 21, 171 § 139 b, 151.

Ausfahren von Waren durch Kinder S. 17.

Ausführungsanweisung, Preußische S. 136, 138.

Ausnahmebewilligung S. 59, 123 ff., 139.

Ausnahmen als Uebergangsbestimmungen S. 86.

Austragen von Waren und Zeitungen durch Kinder S. 17, 29; durch fremde Kinder S. 45 A. 3, 63 § 8, 65 A. 3; an Sonntagen S. 68, 140; durch eigene Kinder S. 92; Strafbestimmungen S. 106, 110 § 25.

B.

Bauten, Beschäftigung von Kindern auf — S. 23, 44, 46 A. 4.

Bedienen der Gäste S. 62.

Beeinträchtigung des regelmäßigen Schulbesuchs durch gewerbliche Kinderarbeit verboten S. 13.

Behörden, zuständige S. 105.

Bergwerke, Beschäftigung jugendlicher Arbeiter in — S. 10.

Beschäftigung, Begriff S. 48 A. 11.

Beschränkungen des freien Arbeitsvertrages S. 26; — der Beschäftigung jugendlicher Arbeiter S. 25 A. ff., 166 § 136, 169; reichsrechtliche — der Kinderarbeit S. 24, 37 A. 6; landesrechtliche — der Kinderarbeit S. 113 § 30; — der Pausen durch Vereinbarung nichtig S. 55 A. 11; — der Beschäftigung einzelner Kinder S. 98 § 20; — minderjähriger und weiblicher Personen im Wandergewerbe S. 161 § 60 b.

Beschwerde gegen polizeiliche Verfügungen S. 100 A. 7.

Botengänge, Verwendung von Kindern zu — S. 45 A. 3, 115; von fremden Kindern S. 63 § 8, 65 A. 3; an Sonntagen S. 68, 140; Verwendung von eigenen Kindern zu — S. 92; Strafbestimmungen S. 106, 110 § 25.

Brennereien, Beschäftigung von Kindern in — S. 35 A. 5a.

Brüche, Beschäftigung von Kindern in — S. 44 § 4, 47 A. 5.

Bundesrat untersagt für Kinder ungeeignete Beschäftigungen S. 44, 49 A. 12, 120 A. 4; — erläßt Übergangsvorschriften S. 83 § 14, 86 A. 5; — regelt die Aufsicht S. 101 § 21; — bestimmt Ausnahmen von der Sonntagsruhe S. 160 § 55a; — ordnet Schutzvorschriften für gewerbliche Arbeiter an S. 165 § 120e; — läßt Ausnahmen davon zu S. 174; — erläßt Vorschriften über die Arbeitszeit S. 169; — erhält die Jahresberichte der Aufsichtsbeamten S. 171 § 139b.

D.

Dauer der Schulpflicht S. 38 A. 5; — der regelmäßigen täglichen Beschäftigung S. 13, 50, 54 A. 10, 82 A. 3b, 166 § 135; — der Ruhezeit an Sonntagen S. 163; — der wöchentlichen Arbeitszeit S. 169. Siehe auch Höchstdauer.

Dritte, Beschäftigung von Kindern für — S. 40, 43 A. 11, 80, 92 § 17.

E.

Eigene Kinder, Begriff S. 39 §§ 3 f.; Beschäftigung von — — S. 29 f., 78 ff.; verbotene Beschäftigungsarten S. 78 § 12; — in Werkstätten S. 31, 80; — im Handels- und Verkehrsgewerbe S. 80, 82 A. 4; — in Theatern und bei öffentlichen Schaustellungen S. 88 § 15; — im Betriebe von Gast- u. Schankwirtschaften S. 89 §§ 16 ff.; — beim Austragen von Waren S. 92 ff.; Strafbestimmungen S. 110 § 25.

Elementare Kraft als Betriebsmittel in Werkstätten S. 77 § 12, 83 § 14, 174.

Einwohnerzahl des Ortes maßgebend für die Zulassung von Ausnahmen des Verbotes der Beschäftigung von Kindern in Gast- und Schankwirtschaften S. 89, 91 A. 4b.

Einschränkung der Beschäftigung einzelner Kinder durch die Polizeibehörde S. 98 § 20.

F.

Fabriken, Beschäftigung von Kindern und jugendlichen Arbeitern in — S. 10, 24, 27, 69, 166 §§ 135 ff.; Unterschied von Werkstätten S. 97 A. 5.

Familienbetriebe, Beschäftigung von Kindern in — S. 19, 21, 23; besondere Behandlung der — S. 174, 175.

Farben, Mischen u. Mahlen von —, Verbot der Kinderarbeit S. 44, 48 A. 9.

Feilbieten von Gegenständen im Wandergewerbe durch Kinder S. 161 § 60 b, 52 A. 6.

Ferien siehe Schulferien.

Forstwirtschaft, Beschäftigung von Kindern in der — S. 35 A. 5 a.

Fortbildungsschule fällt nicht unter § 2: S. 38 A. 5.

Fremde Kinder, Begriff S. 40; Grundsatz für die Vorschriften über die Beschäftigung S. 29 ff.; verbotene Beschäftigungsarten S. 44 ff.; — im Betriebe von Werkstätten S. 50 ff.; — im Handelsgewerbe S. 50, 51 A. 5; — im Verkehrsgewerbe S. 50, 53 A. 7; — im Theater rc. S. 56 ff.; — in Gast- und Schankwirtschaften S. 60 ff.; — beim Austragen von Waren S. 63 § 8; — an Sonntagen S. 67 § 9; Arbeitskarte S. 73; Strafbestimmungen S. 108.

Fürsorgeerziehung S. 40, 42 A. 8.

Fuhrwerksbetrieb verbunden mit Speditionsgeschäft, Kinderarbeit im — verboten S. 44, 48 A. 8.

G.

Gärtnerei, Beschäftigung von Kindern in der — S. 36 b.

Gastwirtschaft, Beschäftigung fremder Kinder im Betriebe der — S. 60; — eigener Kinder S. 29, 87, 148; Befugnisse d. Polizeibehörde S. 98 § 20; Sonntagsarbeit S. 63 A. 8, 69, 165 § 105 i; Begriff S. 60 A. 4; Strafbestimmungen S. 106 § 23, 110 § 25.

Gefängnisstrafe bei gewohnheitsmäßigem Zuwiderhandeln S. 106 § 23.

Gehilfen in Gast- und Schankwirtschaften S. 60 A. 1, 63 A. 7; im Handelsgewerbe an Sonntagen S. 159 § 41 a, 163, 174; in Apotheken S. 174 § 154.

Geldstrafe S. 106, 108, 110.

Gelegentliche Beschäftigung von Kindern unterliegt den Vorschriften dieses Gesetzes S. 35 A. 3; — an Sonntagen S. 69; keine Anzeigepflicht des Arbeitgebers S. 71 § 10; Arbeitskarte nicht erforderlich S. 73 § 11.

Gemeindebehörde ersetzt die Zustimmung des gesetzlichen Vertreters S. 74; Bestimmung durch die Zentralbehörde S. 106 § 22; Kompetenz derselben S. 77.

Gemeinsame Bestimmungen für eigene und fremde Kinder S. 95 ff.

Gesetzlicher Vertreter erteilt Zustimmung für Ausstellung der Arbeitskarte S. 73 § 11, 76 A. 5.

Gesindedienst wird von diesem Gesetze nicht berührt S. 37 A. 5 c.

Gesundheitsgefährliche Betriebe, Beschränkungen der Kinderarbeit in — — S. 25, 119; von Arbeiterinnen und Arbeitern S. 169.

Gewerbeaufsichtsbeamte S. 102 A. 3 ff.

Gewerbegericht zuständig für Streitigkeiten hinsichtlich der Arbeitsbücher S. 74, 76 A. 6.

Gewerbeordnung, ihre Bestimmungen finden Anwendung S. 24 f., 34, 67 § 9, 95, 101 § 21, 112.

Gewerbliche Betriebe, Begriffsbestimmungen S. 35 A. 5.

Gewohnheitsmäßiges Zuwiderhandeln S. 106, 108, 110 § 25; Begriff S. 107 A. 4.

Gottesdienst, Verbot der Beschäftigung während des — S. 68, 163.

Gruben, Verbot der Kinderarbeit in — S. 44, 47 A. 5.

H.

Haft bei gewohnheitsmäßigem Zuwiderhandeln S. 106, 108 § 25, 109 A. 6.

Handelsgewerbe, Begriff S. 51 A. 5; Beschäftigung fremder Kinder im — S. 50; an Sonntagen S. 69; Beschäftigung eigener Kinder im — S. 79, 82 A. 4; an Sonntagen S. 80; Sonntagsruhe für Lehrlinge und Gehilfen S. 163; Strafbestimmungen S. 106, 110 § 25, 172 § 146a.

Hauptgottesdienst siehe Gottesdienst.

Hausindustrie, Kinderarbeit in der — S. 12, 14, 18, 22, 29, 41 A. 3, 78 A. 4.

Hausstand, Zugehörigkeit zum — S. 43; — maßgebend für die Unterscheidung zwischen eigenen und fremden Kindern S. 40, 42 A. 4.

Höchstdauer der Arbeitszeit für Kinder S. 11, 13, 50, 54 A. 10, 82 A. 3b; — für jugendliche Arbeiter S. 10, 11, 166 § 126, 168 § 139, 169; — an Sonntagen S. 68; Strafbestimmungen S. 172 § 146. Siehe auch Dauer.

Höheres Interesse der Kunst und Wissenschaft bei Theater und Schaustellungen S. 56, 58 A. 7.

Höhere Verwaltungsbehörde, Bestimmung durch die Zentralbehörde S. 105 § 22; — kann Ausnahmen gestatten S. 97 § 19, 168 § 139.

Hüteschulen S. 13.

Hüttenwerke, Beschäftigung jugendlicher Arbeiter in — S. 10.

J.

Jahresberichte der Aufsichtsbeamten S. 171 § 139b.

Inkrafttreten dieses Gesetzes S. 114 § 31; — der Bestimmung des § 154 Abs. 3 der G.O.: S. 176.

Jugendliche Arbeiter, Beschäftigung in Fabriken S. 10, 165 § 120c, 166 § 136, 169.

K.

Kegeljungen S. 62 A. 5.

Kellereien, Kinderarbeit in — verboten S. 44, 48 A. 10.

Kinder, Begriff S. 37 § 2; eigene — S. 39 § 3; fremde — S. 40; Beschäftigung von — in gewerblichen Betrieben S. 34 ff.; Beschäftigung von — für Dritte S. 40, 43 A. 11; Feilbieten von Gegenständen durch — S. 160 § 42b, 161 § 60b; Verbot der Beschäftigung in Fabriken S. 166 § 135; Höchstdauer d. Arbeitszeit S. 169; — erhalten keinen Wandergewerbeschein S. 53 A. 6, 160 § 57a; Mitführung von — zu gewerblichen Zwecken verboten S. 162 § 62; Strafbestimmungen S. 172 § 146.

Kinderrollen in klassischen Stücken S. 58 A. 6.

Kleiderkonfektion, Beschäftigung von Kindern in der — S. 24, 176.

Kontrolle der Kinderarbeit S. 20, 29, 30, 72 A. 6, 101 § 21; — der Arbeiterschutzvorschriften S. 171 § 139b.

Konzession für Gast- und Schankwirtschaften S. 61 A. 4.

Kostenfreiheit der Ausstellung d. Arbeitskarte S. 73 § 11.

Kunstinteresse, höheres bei Theater u. Schaustellungen S. 56, 58 A. 7, 88 § 15.

L.

Landesrechtliche Beschränkungen der Kinderarbeit bleiben unberührt S. 113 § 30; — Vorschriften über Verletzung der Schulpflicht unberührt S. 172 § 150.

Landesregierung bestimmt die Festtage S. 70 A. 4, 163 § 105a.

Lehrer, Aufsicht über die Kinderarbeit S. 13, 20. Siehe auch Schulaufsichtsbehörde.

Lehrlinge in Gast- und Schankwirtschaften S. 60 A. 1, 63 A. 7; im Handelsgewerbe an Sonntagen S. 159 § 41a, 163, 164; in Apotheken S. 174 § 154.

M.

Mädchen S. 37 § 2; — dürfen nicht bei der Bedienung der Gäste beschäftigt werden S. 60, 62 A. 6, 88; Strafbestimmungen S. 106, 110 § 25.

Meiereien, Beschäftigung von Kindern in — S. 35 A. 5a.

Milchverkauf S. 61.

Minderjährige können in der Ausübung d. Wandergewerbes beschränkt werden S. 161 § 60b.

Mindestalter für die Beschäftigung von Kindern und jugendlichen Arbeitern S. 10, 11, 13, 24, 38 A. 4; in Werkstätten mit Motorbetrieb S. 83, 87 A. 6b; in Werkstätten, im Handels- u. Verkehrsgewerbe S. 50, 79, 80 A. 1; in Gast- und Schankwirtschaften S. 60, 89 § 16; für das Feilbieten von Gegenständen S. 160 § 42b; in Fabriken S. 166 § 135; für Erteilung des Wandergewerbescheins S. 160 § 57a; Strafbestimmungen S. 106, 110 § 25, 172 § 146.

Mitführung von Kindern zu gewerblichen Zwecken verboten S. 162 § 62.

Mittagspause siehe Pause.

Modell, Beschäftigung als — S. 37.

Molkereien, Beschäftigung von Kindern in — S. 35 A. 5a.

Motorbetrieb, Verbot der Kinderarbeit in Werkstätten mit — S. 24, 78 A. 3, 176; Ausnahmen S. 82 § 14, 87 A. 6; Strafbestimmungen S. 110 § 25.

Musikaufführungen, Beschäftigung von Kindern bei — S. 58 A. 6; an Sonntagen S. 165 § 105i.

N.

Nachmittagspause siehe Pause.

Nachtarbeit, Verbot der — S. 10, 18, 50, 65 A. 3, 80, 84, 166 § 136, 167 § 137; Ausnahmen für jugendliche Arbeiter S. 169.

Nachtzeit, Begriff S. 10, 104 A. 5.

O.

Öffentlichkeit bei Theater und Schaustellungen, Begriff S. 56 A. 1.

Ortspolizeibehörde, Bestimmung durch die Zentralbehörde S. 106 § 22, 150; — empfängt Anzeige von der Beschäftigung von Kindern S. 71 § 10; — stellt Arbeitskarten aus S. 73 § 11, 75 A. 4; — kann Feilbieten von Gegenständen durch Kinder gestatten S. 160, 161 § 60b, 150; Aufsicht über die Ausführung der Arbeiterschutzvorschriften S. 171 § 139 b. Siehe auch Polizeibehörde.

P.

Pause in der Arbeitszeit der Kinder S. 50, 55 A. 11, 12, 80, 84; für jugendliche Arbeiter S. 166 § 136; für Arbeiterinnen S. 167 § 137; Strafbestimmungen S. 106, 110 § 25, 172 § 146.

Pochwerke, Beschäftigung von jugendlichen Arbeitern in — S. 10.

Polizeibehörde als Aufsichtsbehörde S. 98, 165 § 120e, 171 § 139 b; Bestimmung durch die Zentralbehörde S. 105 § 22. Siehe auch Ortspolizeibehörde.

Polizeiverordnungen können die Beschäftigung von Kindern einschränken S. 92 § 17, 94 A. 5, 149.

Privatwohnungen, Zulässigkeit von Revisionen in — S. 101.

R.

Reichsrechtliche Beschränkungen der Kinderarbeit bleiben unberührt S. 24.

Reichstag erhält die Abänderungen des Verzeichnisses der verbotenen Beschäftigungsarten vorgelegt S. 45; — erhält die Jahresberichte der Aufsichtsbeamten S. 131 § 171 b; — erhält Kenntnis von Ausnahmebestimmungen des Bundesrates S. 175.

Revision durch die Aufsichtsbehörde S. 101; — während der Nachtzeit S. 104 A. 5, 171 § 139 b.

S.

Schankwirtschaft, Begriff S. 61 A. 4; Beschäftigung fremder Kinder S. 60; — eigener Kinder S. 29, 89 § 16; Einschränkung der Beschäftigung S. 98; Sonntagsarbeit S. 63 A. 8, 165 § 105i; Strafbestimmungen S. 106, 110 § 25.

Schaustellungen, öffentliche, Begriff S. 57 A. 4; Ausnahmebewilligungen bei theatralischen — S. 139; Beschäftigung fremder Kinder bei — S. 56 ff.; eigener Kinder S. 88 § 15; an Sonntagen S. 68, 165 § 105i; Strafbestimmungen S. 106, 110 § 25.

Schornsteinfegergewerbe, Beschäftigung von Kindern im — S. 44.

Schreibstuben, Beschäftigung in — S. 37.

Schulaufsichtsbehörde muß gehört werden S. 56, 59 A. 9, 64, 89, 98 § 20; Bestimmung durch die Zentralbehörde S. 106 § 22.

Schulferien, Dauer der Arbeitszeit während der — S. 50, 82 A. 3b.

Schulpflichtige Kinder, Beschäftigung in Fabriken S. 12, 24, 27, 166 § 135; — sind ohne Rücksicht auf das Alter Kinder im Sinne des Gesetzes S. 37 § 2; Dauer der Schulpflicht S. 38 A. 5.

Schutzalter siehe Mindestalter.

Sittlichkeit, Gefährdung der — maßgebend für Beschränkung oder Verbot der Kinderarbeit S. 13, 15, 59 A. 8, 62 A. 6, 65 A. 3, 100 A. 6; Schutzvorschriften für jugendliche Arbeiter S. 165 § 120c.

Sonntagsschule fällt nicht unter § 2: S. 38 A. 5.

Sonntagsruhe für fremde Kinder S. 67 A. 9; — für eigene Kinder S. 79, 82 A. 6; — für den Gewerbebetrieb im Umherziehen S. 160 § 55a; — im Handelsgewerbe S. 159 § 41a; — für gewerbliche Arbeiter S. 163 § 105a; für jugendliche Arbeiter S. 166; Ausnahmen S. 168 § 139; Verzeichnis der Gewerbe, in denen an Sonntagen nicht gearbeitet werden darf S. 163, § 105b;

Ausdehnung auf andere Gewerbe S. 164 § 105 g; Strafbestimmungen S. 108, 172 § 146.

Speditionsgeschäft S. 44, 48 A. 8.

Statistik über die gewerbliche Beschäftigung von Kindern S. 17; — über die Verhältnisse der Arbeiter S. 171 § 139 b.

Steinbrüche, Beschäftigung von Kindern in — S. 44, 47 A. 5.

Steinklopfen, Beschäftigung von Kindern beim — S. 44, 47 A. 4.

Stempelfreiheit der Ausstellung der Arbeitskarte S. 73 § 11.

Strafbestimmungen S. 106 ff., 172 ff.

Strafrechtliche Verantwortlichkeit verschieden bei Beschäftigung fremder und der eigenen Kinder S. 32; — der Aufsichtspersonen in gewerblichen Betrieben S. 112, 173 § 151.

Streitigkeiten über die Arbeitskarte, maßgebend die Bestimmungen der GO. S. 74, 76 A. 6.

T.

Theatralische Vorstellungen, Verbot der Beschäftigung von Kindern bei — S. 56, 88 § 15; Ausnahmen S. 56, 58, 139; an Sonntagen S. 68, 165 § 105 i; Strafbestimmungen S. 106, 110 § 25.

Treibhäuser, Arbeit in — S. 36.

U.

Übergangsvorschriften können vom Bundesrat erlassen werden S. 82 § 14, 86 A. 4; von der unteren Verwaltungsbehörde S. 64, 66 A. 6.

Unterbrechung des regelmäßigen Betriebes in Fabriken S. 168 § 139.

Untere Verwaltungsbehörde kann Ausnahmen zulassen S. 56, 59 A. 8, 64, 91, 168 § 139; Bestimmung durch die Zentralbehörde S. 105 § 22.

Unterricht, Beschäftigung der Kinder während und unmittelbar vor und nach dem — verboten S. 13, 50, 79.

Unterschied zwischen gesetzlicher Zeit und Ortszeit S. 97 § 19.

V.

Varietétheater, Schaustellung in — S. 57.

Verantwortlichkeit, strafrechtliche, verschieden bei der Beschäftigung eigener und der fremder Kinder S. 32; — der Aufsichtspersonen in gewerblichen Betrieben S. 112, 173 § 151.

Verbotene Beschäftigungsarten für fremde Kinder S. 44 ff.; — für eigene Kinder S. 78 f.; Strafbestimmungen S. 106, 110 § 25.

Verjährung der Strafverfolgung S. 112 § 28.

Verkehrsgewerbe, Begriff S. 53 A. 7; Beschäftigung fremder Kinder im — S. 50; — eigener Kinder S. 79, 82 A. 4.; an Sonntagen S. 79, 165 § 105 i; Strafbestimmungen S. 106, 108, 110 § 25.

Verpackungsarbeiten für Kinder verboten S. 46 A. 3.

Verpflichtung der Aufsichtsbeamten zur Verschwiegenheit S. 171 § 139 b.

Verwaltungsbehörde siehe höhere, untere Verwaltungsbehörde.

Verwaltungsstreitverfahren ist nicht statthaft S. 103 A. 7.

Verzeichnis der Betriebe S. 155.

Viehzucht, Beschäftigung von Kindern in der — S. 35 A. 5 a.

Volksschule, Begriff S. 38 A. 5.

Vorlegung der Arbeitskarte, Verpflichtung des Arbeitgebers zur — S. 74.

Vormittagsunterricht, Beschäftigung der Kinder vor dem — verboten S. 50, 54 A. 10, 80; Ausnahmen S. 64.

Vormundschaft, unter — stehende Kinder gelten als eigene S. 40.

W.

Wäschekonfektion, Beschäftigung von Kindern in der — S. 24, 176.

Waisenkinder gelten als fremde Kinder S. 42 A. 4, 43 A. 9.

Wandergewerbeschein, S. 160 § 57 af.

Waren, Austragen von — siehe Austragen.

Werkstätten, Begriff S. 94, 95 A. 4; Verzeichnis der —, in deren Betriebe Kinder nicht beschäftigt werden dürfen S. 115 ff.; Beschäftigung fremder Kinder in — S. 24, 50; an Sonntagen S. 69; Beschäftigung eigener Kinder S. 77 § 12, 80; an Sonntagen S. 80; Unterschied von Fabriken S. 97 A. 5; Strafbestimmungen S. 106, 108, 110 § 25. Verzeichnis derjenigen —, in denen Ausnahmen gestattet sind S. 123 ff. Siehe auch Motorbetrieb.

Werktagsschule ist Volksschule im Sinne des Gesetzes S. 38 A 5.

Wissenschaft, höheres wissenschaftliches Interesse bei Theater und Schaustellungen S. 56, 58 A. 7, 88 § 15.

Wöchnerinnen, Beschränkung der Beschäftigung S. 167 § 137.

Z.

Zentralbehörde bestimmt die zuständigen Behörden S. 106 § 22; — kann Ausnahmen bez. der Sonntagsruhe gestatten S. 164 § 105 h; — erläßt Ausführungsvorschriften über die Arbeiterschutzbestimmungen S. 165 § 120 c.

Ziegeleien, Beschäftigung von Kindern in — S. 44, 47 A. 5; von Arbeiterinnen und jugendlichen Arbeitern S. 169.

Zündhölzer, Verbot der Kinderarbeit bei Herstellung von — S. 25.

Zwangserziehung S. 40 A. 2, 42 A. 4.

Druck von Otto Walter in Berlin S. 14.

Anhang.

I.

Bekanntmachung, betreffend Ausnahmen von dem Verbote der Beschäftigung eigener Kinder unter zehn Jahren (§ 13 Abs. 1 des Gesetzes über Kinderarbeit in gewerblichen Betrieben vom 30. März 1903 — Reichs-Gesetzbl. S. 113 —). Vom 20. Dezember 1905.

(RGBl. 1905 S. 775.)

Auf Grund des § 14 Abs. 2 des Gesetzes, betreffend Kinderarbeit in gewerblichen Betrieben, vom 30. März 1903 (Reichs-Gesetzbl. S. 113) hat der Bundesrat beschlossen:

I. In Abweichung von der Vorschrift im § 13 Abs. 1 a. a. O. dürfen bis zum 31. Dezember 1908 in den im anliegenden Verzeichnis aufgeführten Werkstätten, in denen die Beschäftigung nicht nach § 12 a. a. O. verboten ist, eigene Kinder unter zehn Jahren unter folgenden Bedingungen beschäftigt werden:

1. Die Kinder müssen das neunte Lebensjahr vollendet haben.
2. Die Kinder dürfen nur mit denjenigen Arbeiten beschäftigt werden, welche nach dem Verzeichnisse für die einzelnen Werkstätten gestattet sind.
3. Die Beschäftigung mit den einzelnen Arbeiten darf nur in denjenigen Bezirken stattfinden, für

welche diese Arbeiten nach dem Verzeichnisse zugelassen sind.

4. Die Beschäftigung darf nicht in der Zeit zwischen acht Uhr Abends und acht Uhr Morgens und nicht vor dem Vormittagsunterrichte stattfinden; um Mittag ist den Kindern eine mindestens zweistündige Mittagspause zu gewähren; am Nachmittage darf die Beschäftigung erst eine Stunde nach beendetem Unterrichte beginnen.

II. Die vorstehenden Bestimmungen treten vom 1. Januar 1906 ab an die Stelle der durch die Bekanntmachungen des Reichskanzlers vom 17. Dezember 1903 — Reichs-Gesetzbl. S. 312 — und vom 11. Juli 1904 — Reichs-Gesetzbl. S. 305 — verkündeten Vorschriften.

Berlin, den 20. Dezember 1905.

Der Stellvertreter des Reichskanzlers.

Graf von Posadowsky.

Verzeichnis derjenigen Werkstätten,

in deren Betrieb in Abweichung von der Vorschrift im § 13 Abs. 1 des Gesetzes, betreffend Kinderarbeit in gewerblichen Betrieben, vom 30. März 1903 (Reichs-Gesetzbl. S. 113) eigene Kinder unter zehn Jahren nach Maßgabe der Bekanntmachung des Reichskanzlers vom 20. Dezember 1905 (Reichs-Gesetzbl. S. 775) bis zum 31. Dezember 1908 beschäftigt werden dürfen.

Auf solche Werkstätten, in denen durch elementare Kraft (Dampf, Wind, Wasser, Gas, Luft, Elektrizität usw.) bewegte Triebwerke nicht bloß vorübergehend zur Verwendung kommen, sowie auf solche Werkstätten, in deren Betrieb nach § 12 a. a. O. aus sonstigen Gründen Kinder nicht beschäftigt werden dürfen, finden die Ausnahmen keine Anwendung.

Gewerbeklasse oder Gewerbeart der Gewerbestatistik	Bezeichnung der Werkstätten	Art der Beschäftigung, für welche die Ausnahme gewährt ist.	Bezirke, für welche die Ausnahme gewährt ist.
1	2	3	4
IV a 2.	Verfertigung grober Schieferwaren.	Bekleben der Schiefergriffel mit Papier, Bemalen, Zählen, Einlegen in Etuis.	**Sachsen-Meiningen:** Kreis Sonneberg und Amtsgerichtsbezirk Eisfeld.
IV a 9, IV d 7 u. IV e 5.	Verfertigung von Spielwaren aus Stein, Porzellan oder Glas.	Zählen der Märbel und Verpacken in kleine Säckchen; bei Porzellanmärbeln auch Bemalen. Bemalen und Anstreichen von Puppengliedern, Sortieren und Einsetzen von Puppenaugen, Zusammensetzen von Puppenteilen. Zusammensetzen von Christbaumschmuck, Garnieren (Anbringen von Ösen, Hütchen, Schlingen und	**Sachsen-Meiningen:** Kreis Sonneberg und Amtsgerichtsbezirk Eisfeld; **Sachsen-Coburg und Gotha:** Amtsgerichtsbezirk Neustadt.

		dergleichen), Sortieren, Einlegen in Kartons. Aufreihen von Perlen auf Fäden.	
IVd6, Vc, IX h, XII g 3.	Bearbeitung von Knöpfen aus Porzellan, Metall, Horn, Perlmutter und dergleichen.	Aufnähen und Aufstecken auf die Karten.	**Preußen:** Regierungsbezirk Aachen; **Sachsen:** Kreishauptmannschaften Bautzen und Chemnitz; **Schwarzburg-Rudolstadt:** für das Fürstentum.
IV d 6.	Herstellung von Porzellanwaren.	Abputzen der geformten oder gegossenen Gegenstände vor dem Brande.	**Schwarzburg-Rudolstadt:** für das Fürstentum; **Schwarzburg-Sondershausen:** für das Fürstentum.
IV e 3.	Glasbläserei vor der Lampe.	Blasen von Puppenaugen mittels des Blasebalgs; Abschneiden von Glaswaren mit Ausnahme von Glasperlen.	**Sachsen-Meiningen:** Kreis Sonneberg und Amtsgerichtsbezirk Eisfeld.
"	"	Abschneiden von Glaswaren mit Ausnahme von Glasperlen; Anstielen, Anhängen, Anfädeln, Zählen und Einpacken von Glaswaren.	**Schwarzburg-Rudolstadt:** für das Fürstentum.

Gewerbeklasse oder Gewerbeart der Gewerbestatistik	Bezeichnung der Werkstätten	Art der Beschäftigung,	Bezirke,
		für welche die Ausnahme gewährt ist.	
1	2	3	4
V b.	Verfertigung von Spielwaren und anderen Gegenständen aus Metall.	Einfüllen kleiner Steinchen in Kreisel, Schlottern und Glöckchen für Spielwaren, Befestigen der Schnüre an Kindertrompeten, Einhängen von Ringelchen an die Scharniere von Handspiegeln.	Bayern: Regierungsbezirk Mittelfranken.
"	"	Anfügen von Haken, Anhängseln usw. an fertig gestellte Uhrketten aus Eisendraht, Anhängen der Ketten an Uhren, Aufnähen der Uhren auf Karten, Einlegen in Kartons.	Sachsen: Amtshauptmannschaft Marienberg; Sachsen-Weimar: für den Ort Ruhla.
V c.	Bearbeitung von eisernen Kurz-	Einfüllen und Verpacken von Schnallen, Haken und	Preußen: Regierungsbezirk Aachen.

	waren, Nadlerwaren; Drahtwaren-Fabrikation.	Augen in Schachteln, Sortieren, Aufstecken und Aufnähen von Nadeln, Aufnähen und Aufstecken von Haken, Augen, Schnallen usw. auf Karten. Aufstecken von Stiften für Knopfbefestiger.	
VIII c 2.	Herstellung von Nachtlichten.	Einstecken der Nachtlichte in die Schwimmer.	Bayern: Regierungsbezirk Mittelfranken.
VIII c 3.	Herstellung von Räucherkerzen.	Formen der Kerzen.	Reuß älterer Linie: für das Fürstentum.
IX c.	Weberei einschließlich Bandweberei.	Spulen und andere leichte Vorarbeiten der Seidenbandweberei mit Ausnahme der Arbeiten am Webstuhle selbst.	Sachsen: Kreishauptmannschaften Bautzen und Chemnitz; Baden: Kreise Lörrach und Waldshut.
IX e.	Strickerei und Wirkerei.	In der Strumpfwirkerei: das Strumpfwenden, Strumpfnähen und Garnspulen.	Sachsen: Kreishauptmannschaften Chemnitz, Dresden und Leipzig; Reuß älterer Linie: Amtsgerichtsbezirk Zeulenroda.

Gewerbeklasse oder Gewerbeart der Gewerbestatistik	Bezeichnung der Werkstätten	Art der Beschäftigung, für welche die Ausnahme gewährt ist.	Bezirke, für welche die Ausnahme gewährt ist.
1	2	3	4
IX h.	Posamentenfabrikation.	Einfassen von Perlen und Flittern. Auszupfen von Heftfäden, Einfädeln des Zwirns, Abheften und Aufheften der Waren; Nähen und Häkeln von Perlen und dergleichen, Auffädeln von Perlen und Flittern; Knüpfen von Schlingen und Fransen.	Sachsen: Kreishauptmannschaften Chemnitz und Zwickau.
X a u. b.	Papierindustrie.	Auflegen des Papiers auf die Form, Bemalen und Anstreichen der Masken.	Sachsen-Meiningen: Kreis Sonneberg und Amtsgerichtsbezirk Eisfeld.
XII b.	Herstellung von Zündholzschach-	Umbiegen und Zumachen, Kleben von Schachteln,	Preußen: Regierungsbezirk Breslau.

	teln und anderen Spanschachteln.	Bestreichen und Bekleben der Schachtelmäntel.	
"	Verfertigung von groben Holzwaren.	Leichtere Arbeiten und Handreichungen bei der Herstellung von Schnitz- und Drehwaren einschließlich der Herstellung von Holzschachteln und -kästchen (Bemalen, Zusammensetzen, Fertigstellen, Zählen und dergleichen).	**Sachsen**: Kreishauptmannschaften Chemnitz und Dresden; **Sachsen-Meiningen**: Kreis Sonneberg und Amtsgerichtsbezirk Eisfeld; **Sachsen-Coburg und Gotha**: Amtsgerichtsbezirk Neustadt.
"	"	Anfertigung von Blumenstäben und Holzetiketten. Zusammensetzen und Leimen von Schachteln.	**Schwarzburg-Sondershausen**: Ortschaft Geschwenda (Verwaltungsbezirk Arnstadt); **Schwarzburg-Rudolstadt**: für das Fürstentum.
XII f.	Strohflechterei.	Herstellung von Strohhülsen.	**Preußen**: Regierungsbezirk Hannover; **Sachsen**: Kreishauptmannschaft Dresden.
XIII b 2.	Zubereitung von Fischen.	Auspflücken von Krabben.	**Preußen**: Regierungsbezirk Schleswig.

Gewerbeklasse oder Gewerbeart der Gewerbestatistik	Bezeichnung der Werkstätten	Art der Beschäftigung,	Bezirke,
		für welche die Ausnahme gewährt ist.	
1	2	3	4
XIV a 5 u. XI c.	Fertigstellung usw. von Puppen.	Auseinanderschneiden zusammenhängend genähter Lederteile sowie Bekleidung der Puppenrümpfe.	Sachsen-Weimar: IV. Verwaltungsbezirk; Schwarzburg-Rudolstadt: für das Fürstentum.
"	"	Nähen, Häkeln und Stricken von Puppenkleidern, Nähen von Puppenbälgen, sonstige leichtere Arbeiten zur Bekleidung und Ausstattung von Puppen, Wickeln von Locken für die Puppenfrisur, sofern dabei Wollhaar und Mohair in gereinigtem Zustande verwendet werden, Einlegen der Puppen in Kartons.	Sachsen-Meiningen: Kreis Sonneberg und Amtsgerichtsbezirk Eisfeld; Schwarzburg-Rudolstadt: für das Fürstentum; Schwarzburg-Sondershausen: für das Fürstentum.

XIV a 6.	Herstellung künstlicher Blumen.	Hilfeleistungen mit Ausnahme des Pressens und Ausschlagens.	**Sachsen:** Kreishauptmannschaft Bautzen, Amtsgerichtsbezirk Olbernhau, Sebnitz und Umgegend; **Württemberg:** Oberamt Brakenheim; **Baden:** Bühl und Umgegend.

Guttentag'sche Sammlung

Deutscher Reichsgesetze.

Text-Ausgaben mit Anmerkungen. Taschenformat.

1. **Verfassung des Deutschen Reichs.** Von Dr. **L. von Rönne.** 10. Aufl. von Landrat **P. von Rönne** und Regierungs-Assessor **von Dobbeler.** 1912. 2 M. 60 Pf.

2. **Strafgesetzbuch für das Deutsche Reich.** Von Dr. **H. Rüdorff.** 23. Aufl. bearbeitet von Prof. Dr. **Fr. v. Liszt** und Dr. **Ernst Delaquis.** 1910. 1 M. 80 Pf.

3. **Militärstrafgerichtsordnung nebst Einführungsgesetz** Von Wirkl. Geheimen Kriegsrat Dr. jur. **A. Romen** u. Kriegsgerichtsrat Dr. **C. Rissom.** 1910. 6 M.

4. **Handelsgesetzbuch vom 10. Mai 1897 unter Ausschluß des Seerechts.** 14. Aufl. herausgegeben von Geh. Justizrat Prof. Dr. **A. Mosse.** 1911. 5 M.

5. **Wechselordnung vom 3. Juni 1908.** Kommentar von Justizrat Dr. **J. Stranz** und Rechtsanwalt Dr. **M. Stranz,** und das **Wechselstempelsteuergesetz** vom 15. Juli 1909 von Geh. Regierungsrat **P. Loeck.** 10. Aufl. 1909. 3 M.

5a. **Wechselstempelsteuergesetz** apart. 10. Aufl. 1 M. 25 Pf.

6. **Reichsgewerbeordnung nebst Ausführungsbestimmungen.** Von **Berger** und **Wilhelmi.** 18. ver-

änderte und sehr vermehrte Auflage von Stadtrat Dr. **Karl Flesch** in Verbindung mit Dr. **Friedr. Hiller** u. Dr. **Herm. Luppe.** 1910. 4 M.

7. **Post- und Telegraphen-Gesetzgebung.** Nebst Weltpostvertrag und internationalem Telegraphenvertrag 6. Aufl. von Geh. Ober-Postrat Dr. **M. König.** 1908. 4 M.

8. **Die Reichsgesetze über den Unterstützungswohnsitz, die Freizügigkeit, den Erwerb und Verlust der Bundes- und Staatsangehörigkeit.** Von Geheimrat Dr. **J. Krech,** Mitglied d. Bundesamtes für das Heimatwesen. 8. Aufl. 1912. Im Druck.

9. **Sammlung kleinerer strafrechtlicher Reichsgesetze.** Von Dr. **N. H. Kriegsmann,** Privatdozent in Kiel. 3. Aufl. 1910. 4 M.

10. **Das Reichsbeamtengesetz von J. Pieper.** 2. Aufl. 1901. 4 M. 50 Pf.

— Reichsbeamtengesetz von 1907 siehe Nr. 82.

11. **Zivilprozeßordnung mit Gerichtsverfassungsgesetz in der Fassung vom 1. Juni 1910. Von R. Sydow.** Fortgeführt von **L. Busch.** 13. Aufl. 8°. 1910. 7 M.

12. **Strafprozeßordnung und Gerichtsverfassungsgesetz nebst den Gesetzen, betr. die Entschädigung der im Wiederaufnahmeverfahren freigesprochenen Personen und die Entschädigung für unschuldig erlittene Untersuchungshaft.** Von **Dr. A. Hellweg, Reichsgerichtsrat.** 16. Aufl. Von Professor Dr. **Kohlrausch.** 1912. 3 M.

13. **Konkursordnung und Anfechtungsgesetz.** Von **R. Sydow.** Fortgeführt von **L. Busch.** 11. Aufl. 1911. 2 M. 80 Pf.

14. **Gerichtsverfassungsgesetz** mit Einführungsgesetz. Herausgegeben von **R. Sydow.** Fortgeführt von **L. Busch.** 9. Aufl. 1905. Mit Nachtrag v. 1. VI. 1909. 1 M. 50 Pf.

15. **Das Deutsche Gerichtskostengesetz nebst den Gebührenordnungen für Gerichtsvollzieher, Zeugen und Sachverständige.** Von **R. Sydow.** Weiter bearbeitet von Reichsgerichtsrat **L. Busch** u. Gerichtsassessor **Arno Busch.** 9. Aufl. 1912. 2 M. 60 Pf.

16. **Rechtsanwaltsordnung.** Von **R. Sydow.** 5. Aufl. von Justizrat **M. Jacobsohn.** 1907. Mit Ergänzungen vom 22. V. 1910. 1 M. 20 Pf.

17. **Die Deutsche Gebührenordnung für Rechtsanwälte und das Preußische Gebührengesetz vom 27. September / 6. Oktober 1899.** Von **R. Sydow.** Fortgeführt von **L. Busch.** 10. Aufl. 1911. 2 M. 70 Pf.

18. **Reichsstempelgesetz** vom 15. Juli 1909. (Börsen-, Lotterie- [Spiel- und Wette], Frachturkunden-, Fahrkarten-, Kraftfahrzeug-, Tantieme-, Scheck- und Grundstücksübertragungssteuer.) Mit den gesamten Ausführungsbestimmungen. 10. Aufl. von Geh. Regierungsrat **P. Loeck.** 1910. Mit Nachtrag, enth. die Aenderungen v. 14. II. 1911. 8°. 6 M.

19. **Die Seegesetzgebung.** Von Dr. **W. E. Knitschky.** 4. Aufl. bearbeitet von Oberlandesgerichtsrat **Otto Rudorff** in Hamburg. 1908. Mit Anhang, enthaltend die Bestimmungen von 1909. 6 M.

20. **Krankenversicherungsgesetz.** Von weil. Dr. **E. von Woedtke.** 11. Aufl. von Geh. Reg.-Rat Dr. **G. Eucken-Addenhausen.** 1905. 3 M.

21. **Die Konsulargesetzgebung.** Von Professor Dr. **Ph. Zorn.** 3. Aufl. bearbeitet von Reg.-Assessor Dr. **K. Zorn.** 1911. 4 M. 50 Pf.

22. **Patentgesetz.** Nebst Ausführungsbestimmungen, völkerrechtlichen Verträgen und der Patentanwalts-Ordnung. 7. Aufl. bearbeitet von **R. Lutter,** Geh. Reg.-Rat im Kaiserl. Patentamt. 1908. 2 M. 80 Pf.

23. **Gewerbe-Unfallversicherungsgesetz.** Von weil. Dr. **E. v. Woedtke.** 9. Aufl. von **Franz Caspar,** Direktor im Reichsamt des Innern. 1907. 2 M. 50 Pf.

24. **Aktiengesellschaft und Kommanditgesellschaften auf Aktien.** Von Kammergerichtsrat Dr. **H. Keyßner** und Justizrat Dr. **H. Veit Simon.** 6. Aufl. von Amtsrichter **L. Keyssner.** 1911. 3 M.

25. **Brausteuergesetz** vom 15. Juli 1909. Von **A. Düffe**, Oberzollrevisor. 2. Aufl. 1909. 3 M.

26. **Die Reichsgesetzgebung über Münz- und Notenbankwesen, Papiergeld, Prämienpapiere und Reichsschulden.** Von Dr. jur. **R. Koch**, Präsident des Reichsbankdirektoriums. 6. Aufl. 1910. 4 M.

27. **Die Gesetzgebung, betr. das Gesundheitswesen** im Deutschen Reich. Von Dr. jur. **C. Goesch** und Dr. med. **J. Karsten.** 1888. 1 M. 60 Pf.

28. **Bau-Unfallversicherungsgesetz.** Vom 30. Juni 1900. Von **R. Chrzescinski**, Kaiserl. Regierungsrat. 3. Aufl. 1900. 2 M.

29. **Erwerbs- und Wirtschaftsgenossenschaften.** Von **L. Parisius** und Dr. **H. Crüger.** 14. neubearb. Aufl. von Dr. **H. Crüger.** 1912. 1 M. 80 Pf.

30. **Invalidenversicherungsgesetz** vom 13. Juli 1899. Von weil. Dr. **E. v. Woedtke.** 10. Aufl. von Regierungsrat **H. Follmann.** 1906. 4 M. (Vergriffen!)

31. **Gewerbegerichtsgesetz.** Von Stadtrat **L. Mugdan.** 7. Aufl. bearbeitet von **W. Cuno**, Oberbürgermeister zu Hagen i. W. 1911. 2 M. 50 Pf.

32. **Reichsgesetz, betr. die Gesellschaften mit beschränkter Haftung.** Von **L. Parisius** und Dr. **H. Crüger.** 12. Aufl. von Dr. **H. Crüger.** 1912. 1 M. 80 Pf.

33. Vereins- und Versammlungsrecht. Von Dr. E. Ball. 2. Aufl. von Dr. F. Friedenthal. 1907. 2 M. 50 Pf.
Reichs-Vereinsgesetz vom 19. April 1908 vide Nr. 88.

34. Die Abzahlungsgeschäfte. Gesetz vom 16. Mai 1894. 3. vermehrte Aufl. besorgt von Dr. E. Wilke, Landgerichtsrat. 1910. 1 M. 25 Pf.

35. Die Reichs-Eisenbahngesetzgebung. Von W. Coermann, Kaiserl. Amtsrichter. 1895. 2 M. 25 Pf.

36. Gesetze, betr. die privatrechtlichen Verhältnisse der Binnenschiffahrt und der Flößerei. Von E. Löwe, Landgerichtsrat. 4. Aufl. 1909. 3 M.

37. Gesetz gegen den unlauteren Wettbewerb. Von Justizrat Pinner. 6. Auflage. 1912. 1 M. 50 Pf.

38/39. Bürgerliches Gesetzbuch nebst Einführungsgesetz von Dr. A. Achilles. In Verbindung mit Professor Dr. André, Kammergerichtsrat Ritgen, Reichsgerichtsrat Dr. Strecker, Senatspräsident Dr. v. Unzner, herausgegeben von Geh. Ober-Justizrat Greiff. 7. Aufl. 8°. 1912. 7 M.

40. Gesetz, betr. die Pflichten der Kaufleute bei Aufbewahrung fremder Wertpapiere (Depotgesetz). Mit Erläuterungen. Von F. Lusensky, Geh. Ober-Regierungsrat. 2 Aufl. 1905. 1 M.

41. **Börsengesetz.** In der Fassung der Novelle vom 8. Mai 1908. 2. Aufl. Von Wirkl. Geh. Ob.-Regierungsrat **Th. Hemptenmacher,** Staatskommissar an der Berliner Börse. 1908. 2 M.

42. **Grundbuchordnung nebst den preußischen Ausführungsbestimmungen.** Mit Einleitung. Von Prof. Dr. **O. Fischer.** 6. Aufl. Im Druck.

43. **Zwangsvollstreckung in das unbewegliche Vermögen im Reiche und in Preußen.** Mit Einleitung, Kosten- und Gebührentabellen. Von Dr. **J. Krech,** Kaiserl. Geh. Regierungsrat und Professor Dr. **O. Fischer.** 6. Aufl. 1910. 2 M.

44. **Das Reichsgesetz über das Auswanderungswesen** vom 9. Juni 1897. Von Professor Dr. **Felix Stoerk.** 1899. 2 M. 25 Pf.

45. **Das Entmündigungsrecht** unter Berücksichtigung der für Preußen geltenden Vorschriften nebst der preußischen Justiz-Ministerial-Verfügung vom 28. November 1899. Von Landgerichtsrat Dr. **P. Koll** in Cöln. 1900. 1 M. 50 Pf.

46. **Die Gesetze des Reiches und Preußens über die freiwillige Gerichtsbarkeit.** Von **Herm. Jastrow,** Amtsgerichtsrat. 5. Aufl. 1911. 3 M. 60 Pf.

47. **Das deutsche Vormundschaftsrecht und das preuß. Gesetz über die Fürsorgeerziehung Minderjähriger nebst den dazu gehörigen preußischen Nebengesetzen.** Von Oberverwaltungsgerichtsrat **Max Schultzenstein** und Amtsgerichtsrat Dr. **Paul Köhne.** 2. Aufl. 1901. 3 M.

48. **Gesetze und Verordnungen, betr. den Drogen-, Gift- und Farbenhandel außerhalb der Apotheken.** Von Dr. **Broh,** Rechtsanwalt. 1899. 1 M. 25 Pf.

49. **Deutsche Kolonialgesetzgebung.** Von Professor Dr. **Philipp Zorn.** 1901. 4 M. 50 Pf.

50. **Der Viehkauf** (Viehgewährschaft) **nach dem Bürgerlichen Gesetzbuche.** Nebst Verordn. betr. die Hauptmängel und Gewährsfristen beim Viehhandel. Von Rechtsanwalt Dr. **H. Stölzle** und Königl. Kreistierarzt **H. Weiskopf.** 4. Aufl. 1908. 4 M.

51. **Hypothekenbankgesetz** vom 13. Juli 1899. Von Dr. **H. Göppert.** 2. Aufl. Bearbeitet v. Geh. Reg.-Rt. Dr. **Seidel.** 1911. 2 M. 40 Pf.

52. **Gesetz, betreffend die gemeinsamen Rechte der Besitzer von Schuldverschreibungen.** Von Dr. **Heinrich Göppert.** 1900. 2 M.

53. **Reichspreßgesetz vom** 7. Mai 1874. Mit **Kommentar von A. Born,** Erster Bürgermeister der Marienburg (Westpr.). 1911. 2. Aufl. 2 M.

54. **Die Reichsgesetzgebung über den Verkehr mit Nahrungsmitteln, Genußmitteln und Gebrauchsgegenständen.** Von Dr. **Georg Lebbin**, Nahrungsmittelchemiker. 1900. 2 M. 25 Pf.

55. **Das Recht der Beschlagnahme von Lohn- und Gehaltsforderungen.** Von Justizrat **Georg Meyer.** 4. Aufl. 1910. 2 M. 60 Pf.

56. **Gesetz**, betr. die **Bekämpfung gemeingefährlicher Krankheiten.** Nebst Ausführungsbestimmungen. Von Dr. **Bruno Burkhardt**, Regierungsrat, Mitglied des Kais. Gesundheitsamts. 1900. 1 M. 40 Pf.

57. **See-Unfallversicherungsgesetz.** Von Dr. **Max Mittelstein**, Oberlandesgerichtsrat in Hamburg. 1901. 2 M.

58. **Das Recht der unehelichen Kinder nach dem BGB.** Von **Hermann Jastrow**, Amtsg.-Rat. 1901. 1 M. 80 Pf.

59. **Reichsgesetz über die Beurkundung des Personenstandes und die Eheschließung.** Von Dr. **F. Fidler**, Amtgerichtsrat. 1912. 2. Aufl. 2 M. 50 Pf.

60. **Gesetz**, betreffend das **Urheberrecht an Werken der Literatur und der Tonkunst** in der Fassung vom 22. V. 1910. Von Geh. Justizrat **Otto Lindemann.** 3. Aufl. 1910. 1 M. 60 Pf.

61. **Gesetz über das Verlagsrecht.** Von Justizrat **E. Heinitz.** 2. Aufl. Bearbeitet v. Rechtsanwalt Dr. **Br. Marwitz.** 1911. 1 M. 80 Pf.

62. Ges. über private Versicherungsunternehmungen. Von H. Könige, Reichsgerichtsrat. 2. Aufl. 1910. 4 M. 20 Pf.

63. Gesetzestafel des Deutschen Reichsrechts. Systematisch geordnete Nachweisung des z. Z. geltenden Reichsrechts. Ergänzungsband zu der Guttentag'schen Sammlung Deutscher Reichsgesetze. Von Hugo Bruhns, Syndikus. 1902. 8°. 2 M. 50 Pf.

64. Gesetzsammlung betr. den Handel mit Drogen und Giften. Reichsgesetzl. Bestimmungen und Anhang mit den landesgesetzl. Verordnungen sämtlicher Bundesstaaten. Von Rechtsanwalt H. Sonnenfeld, Syndik. d. Berl. Drogisten-Innung. 2. Aufl. 1912. 3 M.

65. Das Weingesetz in der Fassung v. 1909. Mit Ausführungsbestimmungen von Dr. Georg Lebbin, Nahrungsmittelchemiker. 2. Aufl. 1909. 2 M. 50 Pf.

66. Die Eisenbahn-Gesetzgebung. Von W. Pietsch, Rechnungsrat im Reichs-Eisenbahn-Amt. 1902. 5 M.

67. Militär-Strafgesetzbuch. Von Romen u. Rissom. Im Druck.

68. Das Fleischbeschaugesetz. Vom 3. Juni 1900. Von Dr. Georg Lebbin, Nahrungsmittelchemiker und Rechtsanwalt Dr. Georg Baum. 1903. 4 M.

69. **Reichsgesetz über die Naturalleistungen der bewaffneten Macht im Frieden** nebst den in Preußen geltenden Bestimmungen. Von Regierungsassessor Dr. **Walter v. Hippel.** 1903. 1 M. 25 Pf.

70. **Das Reichs-Haftpflichtgesetz,** vom 7. Juni 1871. Von Regierungsrat Dr. **G. Eger.** 1903. Preis 3 M.

71. **Kinderarbeit in gewerblichen Betrieben,** v. 30. März 1903. Von **H. Spangenberg,** Oberverwaltungsgerichtsrat. 2. Aufl. 1904. 1 M. 60 Pf.

72. **Unfallversicherungsgesetz für Land- und Forstwirtschaft** von weil. Dr. **E. von Woedtke,** fortgesetzt von **Alfred Radtke,** Geh. Regierungsrat und Senatspräs. im Reichsversicherungsamt. 2. Aufl. 1904. 4 M. 50 Pf.

73. **Entschädigung für unschuldig erlittene Verhaftung und Bestrafung.** Nebst Anhang, enth. die dazu gehörigen Nebengesetze über Schadensersatz. Von Dr. jur. **A. Romen,** Wirkl. Geh. Kriegsrat. 1904. 2 M.

74. **Die Kaufmannsgerichte** nebst den preuß. Ausführungsbestimmungen. Von Prof. Dr. **Max Apt,** 3. Aufl. 1905. 2 M.

75. **Reichsgesetz über die Konsulargerichtsbarkeit.** Von Dr. jur. **A. F. Vorwerk,** Rechtsanwalt in Schanghai. 2. Ausgabe, mit dem Schutzgebietsgesetz und der Ausführungsverordnung, betr. die Rechtsverhältnisse in den Schutzgebieten. 1908. 2 M.

76. **Die Rechtshilfe im Verkehr mit den ordentlichen Gerichten nach deutschem Reichsrecht.** Von Landrichter Dr. **A. Friedländer.** 1906. 1 M. 80 Pf.

77. **Das Reichserbschaftssteuergesetz.** Vom 3. Juni 1906. Von **Ulrich Hoffmann,** Rechnungsrat im Preuß. Finanzministerium. 2. Aufl. 1911. 5 M.

78. **Zigarettensteuergesetz.** Vom 15. Juli 1909. Von Dr. **Cuno**, Regierungsassessor. 2. Aufl. in Vorbereitung, nach Erlaß der sämtlichen Ausf.-Best.

79. **Die Militärpensionsgesetze** vom 31. Mai 1906 nebst Ausführungsbestimmungen. Zum Gebrauch für Heer, Marine und Schutztruppe von Dr. jur. **A. Romen**, Wirklicher Geheimer Kriegsrat.

a) I. Teil: Offizierpensionsgesetz. 1907. 3 M. 50 Pf.

b) II. Teil: Mannschaftsversorgungsgesetz. 1908. 3 M. 50 Pf.

80. **Reichsgesetzgebung über gerichtliche Registerführung.** Von **Otto Lindemann**, Geh. Justizrat 1906. 3 M.

81. Gesetz, betr. **Urheberrecht an Werken der bildenden Künste und der Photographie.** Von Dr. **Ludw. Fuld**, Rechtsanwalt. 1907. 1 M.

82. **Reichsbeamtengesetz** in der Fassung vom 18. Mai 1907 und seine Ergänzungen von Geheimrat Professor Dr. **Ad. Arndt.** 1908. 3 M.

83. Reichsgesetz über **den Versicherungsvertrag** nebst Einführungsgesetz. Von Dr. **Paul Hager** und Dr. **E. Bruck.** 2. vermehrte u. verbess. Aufl. 1910. 5 M.

84. **Sammlung kleinerer privatrechtlicher Reichsgesetze** v. Oberl.-Ger.-R. **Georg Müller.** 1908. 6 M. 50 Pf.

85. **Scheckgesetz** mit Einleitung usw. Von Prof. Dr. **Max Apt.** 5. Aufl. Mit Postscheckordnung v. 6. XI. 1908 und im Anhang „Besteuerung des Schecks". 1909. 2 M.

Postscheckordnung vom 6. XI. 08. Apart mit Erläuterungen u. Ausführungsbestimmungen. (30 Pf.)

86. **Die Auslieferungsverträge des Deutschen Reiches** von Landrichter **A. Cohn.** 1908. 4 M.

87. **Gesetz zum Schutz der Warenbezeichnungen.** Von Geh. Reg.-Rat, Mitgl. des Patentamts Dr. **Freund** u. Rechtsanwalt **Magnus.** 5. Aufl. 1909. 3 M. 50 Pf.

88. **Vereinsgesetz** vom 19. April 1908. Von Dr. jur. **A. Romen,** Wirkl. Geh. Kriegsrat. 2. Aufl. 1908. 1 M. 50 Pf.

89. **Vogelschutzgesetz** vom 30. Mai 1908 nebst den das Flugwild betr. Bestimmungen der Preußischen Jagdordnung von Dr. jur. **Leo von Boxberger.** 1908. 1 M.

90. Die Haager Abkommen über das **Internationale Privatrecht** von Dr. **G. A. E. Bogeng.** 1908. 2 M. 20 Pf.

91. **Eisenbahn-Verkehrsordnung** vom 23. Dez. 1908. Mit Ausführungsbestimmungen. Von Regierungsassessor bei der Eisenbahndirektion Breslau Dr. **Ernst Blume.** 1909. 2 M. 50 Pf.

92. Gesetz, betr. den **Verkehr mit Kraftfahrzeugen.** Von Amtsrichter **R. Kirchner.** 2. Ausgabe ergänzt durch die Bundesratsverordn. v. 3. Febr. 1910 u. das Intern. Uebereinkommen v. 11. Okt. 1909. 1910. 3 M.

93. Gesetz über die **Sicherung der Bauforderungen** von Justizrat Dr. **E. Harnier.** 3. Aufl. 1912. 1 M. 60 Pf.

94. **Haftpflicht der Reichs- und Staats-Beamten** v. Dr. **H. Delius.** 2. Aufl. 1909. Mit dem Nachtrag, betr. das Gesetz über die Haftung des Reichs für seine Beamten v. 22. Mai 1910. 3 M. 50 Pf.

95. Die Berner Uebereinkunft über **internationales Urheberrecht** von Dr. **Herm. Dungs,** vortrag. Rat im Reichsjustizamt. 1910. 1 M.

96. **Branntweinsteuergesetz** vom 15. Juli 1909. Unter Berücksichtigung der für das Reich erlassenen Ausführungsbestimmungen. Von Geh. Reg. Rat **Johs. Nay,** vortrag. Rat im Reichsschatzamt. 1910. 3 M. 50 Pf.

97. **Schutzgebietsgesetz** nebst der Verordn. betr. die Rechtsverhältnisse i. d. Schutzgebieten, dem Gesetz Konsulargerichtsbarkeitsgesetz sowie den Ausführungsbest. u. ergänzenden Vorschriften. Von **Johs. Gerstmeyer,** Wirkl. Legationsrat u. Vortrag. Rat im Reichskolonialamt. 1910. 3 M.

98. **Sechs Haager Abkommen über Internationales Privatrecht.** Von Dr. **Herm. Dungs.** 1910. 1 M. 50 Pf.

99. **Die Abkommen der Haager Friedenskonferenz** von Dr. jur. **Hans Wehberg.** 1910. 3 M.

100. **Gesetz über den Absatz von Kalisalzen.** Von Geh. Bergrat **Carl Voelkel.** 1910. 2 M. 40 Pf.

101. **Zuwachssteuer** v. 14. Febr 1911. Von Dr. **W. Cuno,** Reg.-Rat im Reichsschatzamt. 1911. 3 M. 60 Pf.

102. **Urheberrecht an Mustern u. Modellen** u. Ges. betr. Schutz von Gebrauchsmustern von Reg.-Rat **Johs. Neuberg,** Mitgl. d. K. Patentamts. 1911. 2 M. 40 Pf.

103. **Reichs-Viehseuchengesetz** vom 26. Juni 1909 nebst Ausführungsvorschriften u. dem preuß. Ausführungsgesetz. Von Landrat Dr. **Walter v. Hippel.** 1912. 3 M.

104. **Versicherungsgesetz** für Angestellte vom 20. Dez. 1911. Von Rechtsanwalt **O. Bernstein** und Dr. **J. Kupferberg.** 1912. 3 M. 50 Pf.

105. **Das Geldwesen in den deutschen Schutzgebieten.** Von **W. Hintze,** Geheimer exped. Sekretär im Reichskolonialamt. 1912. 2 M.

106-109. **Reichs-Versicherungs-Ordnung nebst Einführungsgesetz:** 4 Bände.

106. Erstes, fünftes und sechstes Buch. **Gemeinsame Vorschriften. — Beziehungen der Versicherungsträger zu einander und zu anderen Verpflichteten. — Verfahren.** Bearbeitet von Dr. **K. Lippmann,** Reg.-Rat, Geh. Rat. Dr. **L. Laß** und **H. Siefart,** vortrag. Räte im Reichsamt des Innern. 1912. Im Druck.

107. Zweites Buch. **Krankenversicherung.** Von Geh. Reg.-Rat. **H. Siefart,** vortrag. Rat im Reichsamt des Innern. 1912. Im Druck.

108. Drittes Buch. **Unfallversicherung.** Von Geh. Reg.-Rat **A. Radtke,** Senatsvorsitzender im Reichsversicherungsamt. 1912. Im Druck.

109. Viertes Buch. **Invaliden- und Hinterbliebenenversicherung.** Bearbeitet von Geh. Ober-Regierungsrat **B. Jaup,** vortragender Rat im Reichsamt des Innern und **H. Follmann,** Geh. Reg.-Rat im Reichsversicherungsamt. 1912. Im Druck.

Guttentag'sche Sammlung

Preußischer Gesetze.

Text-Ausgaben mit Anmerkungen. Taschenformat.

---

1. Die Verfassungs-Urkunde für den Preußischen Staat. Mit Einleitung, vollständigem Kommentar. Von Prof. Dr. **Adolf Arndt.** 7. Aufl. 1911. 4 M.

2. Preußische Beamten-Gesetzgebung. Enthaltend die wichtigsten Beamtengesetze in Preußen. Von **C. Pfafferoth.** 4., neubearb. Aufl. 1905. Mit Anhang: Abänderung vom 27. Mai 1907. 2 M.

3. Die Aufnahme des Nottestaments durch die bestellten Urkundspersonen. Anweisung mit Musterbeispielen und Abriß des Erbrechts von Amtsgerichtsrat **C. Kurtz.** 1904. 1 M. 50 Pf.

4. Gebührenordnung für Notare vom 25. Juli 1910. 4. Aufl. bearbeitet von Justizrat **Rausnitz.** 1910. 2 M. 20 Pf.

5. Gesetz vom 24. April 1854 (betr. die außerehel. Schwängerung). Von Dr. **Schulze.** 1873. 75 Pf. Gültiges Recht siehe: Reichsgesetze Nr. 58.

6. Die Preuß. Ausführungsgesetze und Verordnungen zu den Reichs-Justizgesetzen. Von **R. Sydow.** 3. vermehrte Aufl. 1895. 2 M. 40 Pf. S. Seite 24, Busch-Eylau, Ausführungsgesetze.

7. Allg. Gerichtsordnung und Preuß. Konkursordnung. Von **F. Vierhaus.** Vergriffen.

8. **Vormundschaftsordnung.** Von **F. Schultzenstein.** Gültiges Recht siehe: Reichsgesetze Nr. 47.

9. **Die Preußische Grundbuchgesetzgebung.** Von Prof. Dr. **Fischer.** Vergriffen. Siehe: Reichsgesetze Nr. 42.

10. **Einkommensteuergesetz.** Von **A. Fernow,** Geh. Ober-Finanzrat. 7. Aufl. 1908/9. Mit Nachtrag, enth. d. Best. v. 22. III. u. 26. V. 09. 3 M. 25 Pf.

11. **Gewerbesteuergesetz.** Von **A. Fernow,** Geh. Ober-Finanzrat. 5., vermehrte Aufl. 1910. 3 M.

12. **Allgemeines Berggesetz** für die Preußischen Staaten vom 24. Juni 1865. Von **W. Westhoff** und **W. Schlüter.** 2. Aufl. 1907. Mit Nachtrag v. 1909. 5 M.

13. **Ergänzungssteuergesetz** (Vermögenssteuergesetz). Von **A. Fernow,** Geh. Ober-Finanzrat. 4. vermehrte Aufl. 1907. 2 M. 40 Pf.

14. **Kommunalabgabengesetz.** Vom 14. Juli 1893 und Gesetz wegen Aufhebung direkter Staatssteuern. Von Dr. **F. Adickes,** Oberbürgermeister. 5. Aufl. Bearb. v. Stadtrat Dr. **Woell.** 1911. ca. 2 M.

15. **Die Kreisordnungen** für den Preußischen Staat. Von **O. Kolisch,** Landgerichtsrat. 1894. 4 M.

16. **Konzessionierung gewerblicher Anlagen.** Preuß. Ausführungs-Anweisung zu §§ 16 u. ff. der Gewerbe-Ordnung. Von Dr. **W. v. Rüdiger,** Geh. Regierungs- u. Gewerberat. 2. Aufl. 1901. 2 M.

17. **Preußisches Gerichtskostengesetz.** Vom 25. Juli 1910. Mit Kostentabellen. Von Dr. **P. Siméon,** Kammergerichtsrat. 6. Aufl. 1910. 3 M. 60 Pf.

18. **Preußisches Stempelsteuergesetz** vom 30. Juni 1909. Mit sämtl. Ausf.-Bestimmungen. Von **P. Loeck,** Geh. Regierungsrat. 7. Aufl. 8°. 1911. 7 M.

19. **Das Jagdscheingesetz.** Mit ausführlichen Erläuterungen. Von **F. Kunze,** Wirklichem Geh. Ober-Regierungsrat. 2. Aufl. 1899. 2 M.

20. **Die preußischen Erbschaftssteuergesetze.** Unter Berücksichtigung der Novelle vom 31. Juli 1895. Von **U. Hoffmann,** Rechnungsrat im Königl. preuß. Finanzministerium. 1905. 4 M.
(Reichs-Erbschaftssteuergesetz s. Reichsgesetze Nr. 77).

21. **Gesetz über die Handelskammern.** Von **F. Lusensky,** Geh. Regierungsrat. 2. Aufl. 1909. 3 M.

22. **Gesetz, betr. Anstellung und Versorgung der Kommunalbeamten.** Von Dr. **W. Ledermann,** Magistratsassessor zu Berlin. 1899. 1 M. 25 Pf.

23. **Ausführungsgesetz zum Bürgerlichen Gesetzbuche.** Von Kammergerichtsrat Dr. **P. Siméon.** 2. Aufl. 1905. 1 M. 80 Pf. S. auch Busch-Eylau S. 24.

24. **Die Hinterlegungsordnung** in der Fassung des Ausführungsgesetzes z. BGB. v. 20. Sept. 1899 nebst Ausführungsbestimmungen. Von Regierungsrat Dr. **Georg Bartels.** 2. Aufl. 1908. 2 M.

25. **Preußische Kommunalbeamtengesetzgebung.** Von Magistr.-Assess. Dr. **Fr. Kremski,** Berlin. 1901. 3 M.

26. **Gesetze über das Diensteinkommen der Lehrer und Lehrerinnen, Ruhegehalt und Fürsorge für Hinterbliebene.** Tabelle zur Berechnung der Ruhegehalts-, Witwen- u. Waisenbezüge. Von Dr. **Ed. Cremer,** Beigeordneter. 1900. 2 M. 40 Pf.

27. **Gesetz, betreffend die Warenhaussteuer.** Von Geh. Ober-Finanzrat Dr. **G. Strutz.** 1900. 1 M. 20 Pf.

28. **Gesetz über die Fürsorgeerziehung Minderjähriger.** Von Landgerichtsdirektor Dr. **P. F. Aschrott.** 2. umgearbeitete Aufl. 1907. 2 M. 80 Pf.

29. **Gesetz, betr. die ärztlichen Ehrengerichte, das Umlagerecht und die Kassen der Aerztekammern.** Von Amtsgerichtsrat Dr. **F. Fidler.** 1901. 1 M. 50 Pf.

30. **Das Preußische Staatsschuldbuch** und **Reichsschuldbuch.** Von Wirkl. Geh. Ober-Finanzrat **J. Mücke,** 1902. 2 M.

31a. **Die geltenden Preußischen Gesindeordnungen.** Herausgegeben in zwei Bänden von **Stephan Gerhard,** Rechtsanwalt in Berlin. 1902.

Band I: Gesindeordnung für die altpreußischen Provinzen vom 8. XI. 1810, mit Erläuterungen unter Berücksichtigung der Ergänzungsgesetze und der Rechtsverhältnisse der Gesindevermieter, sowie die Gesindeordnungen für Neuvorpommern und Rügen und für die Rheinprovinz. 2 M. 50 Pf.

31b. Band II: Gesindeordnungen für Hannover, Schleswig-Holstein, Hessen-Nassau und den Regierungsbezirk Hohenzollern. 2 M. 50 Pf.

32. Die Städteordnung für die sechs östlichen Provinzen Preußens vom 30. Mai 1853. Von **Dr. jur. Walter Ledermann**, Stadtrat zu Berlin. 8°. 1902. 6 M.

33. Rentenguts- und Anerbenrechts-Gesetzgebung in Preußen. Von Landgerichtsrat **M. Peltasohn** und Rechtsanwalt **Bruno Peltasohn**. 1903. 3 M.

34. Sammlung der wichtigsten preußischen Strafgesetze nebst Anhang: Gesetz betr. polizeiliche Strafverfügungen vom 23. April 1883. Von **Otto Lindemann**, Geheimen Justizrat. 1912. 2. Aufl. 3 M. 50 Pf.

35. Geschäftsordnung für Gerichtsvollzieher. Gerichtsvollzieherordnung und Gebührensätze von Amtsgerichtssekretär **Emil Exner**. 1904. 3 M. 50 Pf.

36. Polizeiverordnungen in Preußen. Von **Otto Lindemann**, Geh. Justizrat. 1912. 2 M. 50 Pf.

37. Gesetz über die Enteignung von Grundeigentum vom 11. Juni 1874. Von Oberlandesgerichtsrat **O. Meyer**. 2. Aufl. 1911. 2 M. 25 Pf.

38. Kreis- und Provinzial-Abgabengesetz. Vom 23. April 1906. Von **Fr. Schmidt**, Gemeindevorsteher. 1906. 1 M. 25 Pf.

39. Gesetz betr. die Unterhaltung der öff. Volksschulen. Von **Dr. A. Marcks**, Reg.-Rat. 1906. 2 M.

40. Verwaltungsstrafverfahren bei Zuwiderhandlungen gegen die Zollgesetze und indirekte Reichs- und Landesabgaben, sowie die Bestimmungen über die Schlacht- und Wildpretsteuer v. 26. VII. 1897. Von **Dr. R. Katzenstein**, Ger.-Ass. 1907. 3 M. 60 Pf.

41. Die preußischen Jagdpolizeigesetze. Von Fr. Kunze, Wirkl. Geh. Oberregierungsrat und R. Kühnemann, Rechtsanwalt. 2. Aufl. 1907. 3 M. 60 Pf.

42. Die Gesetzgebung über die Allgemeine Landesverwaltung und über die Zuständigkeit der Verwaltungs- und Verwaltungsgerichtsbehörden. Von Rechtsanwalt Dr. Karl Friedrichs. 1908. 3 M.

43. Ges. betr. die Zulassung einer Verschuldungsgrenze für land- u. forstwirtschaftl. Grundstücke v. 20. VIII. 1906 nebst Ausführungsvorschriften. Von Dr. jur. R. Leweck, Syndikus der Ostpreuß. Landschaft. 1908. 2 M. 40 Pf.

44. Quellenschutzgesetz vom 14. Mai 1908 nebst den Ausführungsbestimmungen. Von Carl Voelkel Geheimer Bergrat. 1909. 1 M.

45. Rechtsverhältnisse der Juden in Preußen. Von Rechtsanwalt Dr. Max Kollenscher, Rechtsanwalt. 1910. 2 M. 40 Pf.

46. Austritt aus der Landeskirche v. 14. V. 1873. Von Gerichtsass. Hrch. Chr. Caro. 1911. 2 M. 40 Pf.

47. Gesetz betr. die Feuerbestattung v 14. Sept. 1911 nebst Ausführ. Anwsg. von Amtsgerichtsrat Dr. W. Lohmann. 1911. 1 M. 50 Pf.

48. Zweckverbandsgesetz für Großberlin vom 19. Juli 1911 nebst Abdruck des allgemeinen Zweckverbandsgesetzes. Von Magistratsräten Dr. Ludw. Brühl, Dr. Kurt Gordan und Stadtrat Dr. Walter Ledermann in Berlin. 1912. 4 M.

49. Gesetze gegen die Verunstaltung landschaftlich hervorragender Gegenden vom 2. Juni 1902 und 15. Juli 1907 mit den ergangenen Ausführungsanweisungen. Von Regierungsrat Otto Goldschmidt. 1912. 2 M. 50 Pf.

Guttentag'sche Sammlung von Text-Ausgaben mit Sachregister ohne Anmerkungen.

Taschenformat, elegant in Leinen gebunden.

Reichsversicherungsordnung. Text-Ausgabe mit ausführl. Sachregister. 1911. 2 M.

Zivilprozeßordnung mit **Gerichtsverfassungsgesetz** und **Einführungsgesetzen.** Neue Fassung von 1909 mit Ergänzungen v. 22. Mai 1910. 2 M.

Konkursordnung mit **Einführungsgesetz.** 80 Pf.

Bürgerliches Gesetzbuch nebst **Einführungsgesetz.** 10. Abdruck. 2 M. 50 Pf.

Handelsgesetzbuch nebst **Einführungsgesetz** u. **Seerecht.** 8. Abdruck. 1910. 1 M. 80 Pf.

Ausführungsanweisung zur Gewerbeordnung vom 1. Mai 1904 nebst der preuß. technischen Anleitung. 2 M.

Militärstrafgerichtsordnung nebst **Einführungsgesetz** u. **Ges., betr. Dienstvergehen der richterlichen Militärjustizbeamten u. unfreiwillige Versetzung derselben usw. Militär-Strafgesetzbuch** *) mit Abdruck der entsprechenden Bestimmungen des Reichs-Strafgesetzbuchs. 2. Aufl. 1 M. 50 Pf. *) Ist auch einzeln zu haben. Preis 1 Mk.

Wechselordnung in der Fassung der Bekanntmachung v. 3. Juni 1908. Mit Anhang: **Wechselprozeß und Ausführungsanweisung.** 1908. 1 M.

Die Preußischen Ausführungsgesetze zum Bürgerlichen Gesetzbuche und Nebengesetze. Text-Ausgabe ohne Anmerkungen. 5. Aufl. 1 M. 80 Pf.

Reichsfinanzgesetze v. 15. Juli 1909 einschl. der **Reichsstempelgesetze** u. des **Erbschaftssteuergesetzes.** 1909. Geb. in ganz Leinen. 2 M.

Versicherungsgesetz f. Angestellte v. 20. Dez. 1911. 1 M. 25 Pf.

Zuwachssteuergesetz vom 14. Febr. 1911. 80 Pf. Ausführungsbestimmungen v. 27. III. 11 dazu einzeln 60 Pf., zusammengebunden in 1 Bd. 1 M. 20 Pf.

Die Preußischen Ausführungsgesetze, Verordnungen und ministeriellen Verfügungen zu dem Bürgerlichen Gesetzbuche und den Reichs-Justizgesetzen nebst anderen zugehörigen Gesetzen. Von **L. Busch.** 2. Aufl. von Landrichter **O. Eylau.** 8°. Preis geb. 4 M. 50 Pf.

Preußische Bürgerliche Gesetzsammlung. Sammlung der noch geltenden Landesgesetze privatrechtlichen Inhalts. Herausgegeben von den Gerichtsassessoren **D. Fischer** und **Dr. F. Schroeder.** 8°. 2 Bände Preis geb. in ganz Leinen 20 M.

Erster Band: **Das Allgemeine Landrecht mit den Einführungs-Patenten.** Preis 6 M.

Zweiter Band: **Gesetze von 1773—1902.** Preis 14 M.

Strafgesetzbuch. Mit ausführl. Sachregister. 1912. 1 M. 20 Pf.

Schlagwort-Register.

R. = Nummer der Sammlung Deutscher Reichsgesetze.
P. = Nummer der Sammlung Preußischer Gesetze.
S. = Seite.

Abzahlungsgeschäfte R. 34.
Aerztekammern P. 29.
Aerztl. Ehrengerichte P. 29.
Aktienrecht R. 24, 26.
Altersversicherungsges R. 30.
Anerbenrechtsgesetz P. 33.
Anfechtungsgesetz R. 13.
Angestelltenversich. R. 104. S. 24.
Arbeiterschutzgesetz R. 6.
Arbeiterversicherungsgesetze R. 20, 23, 28, 30, 57.
Arzneimittel R. 6, 64.
Ausführungsanweisung zur Gew.O. S. 23.
Ausführungsgesetze z. BGB. P. 23, S. 23.
Ausführungsgesetze zu den Reichsjustizgesetzen P. 6, S. 24.
Auslieferungsverträge R. 86.
Auswanderungsgesetz R. 9, 44.
Automobilges. R. 92.

Bankgesetz R. 26.
Bauunfallversicherungsgesetz R. 28.
Beamtengesetze R. 10, 82, 94, P. 2.
Bekämpfung gemeingefährlicher Krankheiten R. 56.
Belagerungszustand P. 34.
Berggesetz P. 12.
Beschlagnahme von Lohn- und Gehaltsforderungen R. 55.
Beurkundung des Personenstandes R. 59.
Binnenschiffahrtsgesetz R. 36.
Blei- u. zinkhaltige Gegenst. R. 9.
Börsengesetz R. 41.
Börsensteuergesetz R. 18.
Branntweinsteuerges. R. 96.
Brausteuererhebung R. 25.
Bundes- und Staatsangehörigkeit R. 8.
Bürgerliche Gesetzsammlung für Preußen S. 24.
Bürgerliches Gesetzbuch R. 38/39, S. 22, 23.

Chausseegeld P. 34.
Civilprozeßordnung R. 11, S. 23.

Dampfkesselbetrieb R. 6, P. 34.
Depotgesetz R. 40.
Diensteinkommen der Lehrer und Lehrerinnen P. 26.
Dienstboten siehe Gesinde.
Drogenhandel R. 48, 64.

Eheschließungsgesetz R. 59.
Einkommensteuergesetz P. 10.
Eisenbahngesetzgebung R. 66, 85.
Eisenbahnverkehrsordnung R. 91.
Elektrizitäts-Diebstahl R. 2.
Enteignung von Grundeigentum P. 37.
Entmündigungsgesetz R. 45.
Entschädigung freigesprochener Personen R. 12.
Entschädigung unschuldig Verhafteter u. Verurteilter R. 73.
Entziehung elektr. Arbeit R. 2.
Erbschaftssteuergesetz R. 77, P. 20.
Ergänzungssteuergesetz P. 13.
Erwerbs- und Wirtschaftsgenossenschaften R. 29,

Fahrkartensteuer R. 18.
Farbengesetz R. 9, 48.
Farbenhandel R. 48.
Feingehalt der Gold- und Silberwaren R. 9.
Feld- u. Forstpolizeiges. P. 34.
Feuerbestattungs Ges. P. 47.
Feuerversicherung P. 34.
Fischereigesetz P. 34.
Fleischbeschauges. R. 9, 54, 68.
Flößereigesetz R. 36.
Forstdiebstahl P. 34.
Frachturkundensteuer R. 18,
Freiwillige Gerichtsbarkeit R. 46.
Freizügigkeit R. 8.
Fürsorgeerziehung Minderjähriger R. 47, P. 28.

Gast- u. Schankwirtschaftsgehilfen R. 6.
Gebrauchsgegenstände, Verkehr mit R. 9, 54.
Gebrauchsmusterschutzgesetz R. 9, 84.
Gebührengesetz, preußisches, für Rechtsanwälte und Gerichtsvollzieher R. 17.
Gebührenordnung für Gerichtsvollzieher R. 15.
Gebührenordnung für Notare P. 4.
Gebührenordnung für Rechtsanwälte R. 17.
Gebührenordnung für Zeugen und Sachverständige R. 15.
Gehaltsforderungen, Beschlagnahme von R. 55.
Geldwesen der Kolonien R. 105.

Genehmigung gewerblicher Anlagen P. 16.
Genossenschaftsgesetz R. 29.
Genußmittel, Verkehr mit R. 9, 54.
Gerichtsbarkeit, freiwillige R. 46.
Gerichtskostengesetz, deutsches R. 15.
Gerichtskostengesetz, preußisches P. 17.
Gerichtsordnung, Preußische P. 7.
Gerichtsverfassungsgesetz R. 14, 11, 12, S. 22.
Gerichtsvollzieher-Gebührenordnung R. 15.
Geschäftsordnung für Gerichtsvollzieher P. 35.
Gesellschaften mit beschränkter Haftung R. 32.
Gesetzbuch, Bürgerliches R. 38/39, S. 23, 24.
Gesetzestafel des deutschen Reichsrechts R. 63.
Gesetz-Sammlg., preuß. S. 24.
Gesindedienstpflichten P. 34.
Gesindeordnungen, preußische P. 31 a, 31 b.
Gesundheitswesen R. 27.
Gewerbebetrieb im Umherziehen R. 6, P. 34.
Gewerbegerichte R. 31.
Gewerbeordnung R. 6.
Gewerbesteuergesetz, preußisches P. 11.
Gewerbe-Unfallversicherungsgesetz R. 23.
Gifthandel R. 48, 64.
Gold- u. Silberwaren-Feingehalt R. 9.
Grundbuchordnung R. 42.
Grundbuchgesetzgebung, Preußische P. 9.
Grundeigentum, Enteignung von P. 37.

Haager Friedenskonferenz R. 99.
Haftpflichtgesetz R. 70, 94.
Handelsgesetzbuch R. 4, S. 23.
Handelskammergesetz P. 21.
Handfeuerwaffen R. 9.
Handwerkergesetz R. 6.
Hilfskassen, eingeschr. R. 20.
Hinterlegungsordnung P. 24.
Hypothekenbankgesetz R. 51.

Jagdpolizeigesetz P. 34, 41.
Jagdscheingesetz P. 19, 34.
Inhaberpapiere mit Prämien R. 9.
Internat. Privatrecht R. 90, R. 98.
Invalidenversicherung R. 109.

Kaligesetz R. 100.
Kaufleute, Pflichten bei Aufbewahrung von Wertpapieren R. 40.
Kaufmannsgerichte R. 74.

Kiautschou-Gebiet, militär. Strafrechtspflege im R. 3.
Kinder, Recht d. unehel. R. 58.
—, Unterbringung verwahrloster R. 47, P. 28.
Kinderarbeit, gewerbl. R. 2, 71.
Kinderschutzgesetz R. 71.
Kolonialgesetzgebung R. 49, 105.
Kommunalabgabengeſ. P. 14.
Kommunalbeamtengeſ. P. 22.
Kommunalbeamtenrecht P. 25.
Konkursordnung R. 13, S. 23.
Konkursordnung, Preuß. P. 7.
Konsulargerichtsbarkeit R. 75.
Konsulargesetzgebg. R. 21, 75.
Konzessionierung gewerbl. Anlagen P. 16.
Kraftfahrzeuge R. 18, 92.
Krankenversicherungsgesetz R. 20, 107.
Kreisabgabengesetz P. 38.
Kreisordnungen P. 15.

Ladenschluß R. 6.
Landesgesetze, privatrechtliche. (Bürg. Gesetzsamml.) S. 24.
Landestrauer P. 34.
Landesverwaltungsgeſ. P. 42.
Landrecht, preußisches S. 24.
Lehrergehalts- u. -Pensionsgesetze P. 26.
Literaturschutz R. 60, 95.
Lohnforderungen, Beschlagnahme von R. 55.
Lotteriespiel P. 34.

Mannschaftsversorgungsgeſ. R. 79 b.
Mantelgesetz R. 23.
Margarinegesetz R. 9, 54.
Medizinalgesetzgebung R. 27.
Militärpensionsgesetze R. 79.
Militärische Geheimnisse, Verrat R. 9, 84.
Militärstrafgerichtsordnung R. 3, S. 23.
Militärstrafgesetzbuch R. 67, S. 23.
Minderjährige, Fürsorgeerziehung für R. 47, P. 28.
Mineraliengewinnung und Aneignung P. 34.
Mobiliar-Feuerversich. P. 34.
Modellschutzgesetzgeb. R. 9.
Münzwesen R. 26.
Musterschutzgesetz R. 9.

Nahrungsmittelgesetze R. 9, 54, 65.
Naturalleistung für die bewaffnete Macht R. 69.
Notare, Gebührenordnung für preußische P. 4.
Notenbankwesen R. 26.
Nottestament P. 3.

Offizierpensionsgeſ. R. 79.

Patentgesetz R. 22, 9.
Personenstandsgeſ. R. 59, 9, 2.
Pensionsgesetze R. 10, 79, P. 2, 26, S. 24.

Photographieschutz R. 81, 9.
Polizeiverordnungen i. Preußen P. 36.
Postgesetze R. 7.
Postscheckordnung R. 85.
Preßgesetz R. 9, 53.
Preußische Verfassung P. 1.
Privatrechtliche preußische Landesgesetze S. 24.
Privatrechtliche Reichsgesetze R. 84, 90.
Provinzialabgabenges. P. 38.

Quellenschutzgesetz P. 44.

Rayongesetz R. 84.
Reblausgesetz R. 84, P. 34.
Rechte der Besitzer v. Schuldverschreibungen R. 52.
Rechtsanwalts-Gebührenordnung R. 17.
Rechtsanwaltsordn. R. 16.
Rechtshilfe R. 76.
Rechtslexikon S. 31.
Rechtsverhältnisse der Juden P. 45.
Registerführung, gerichtliche R. 80.
Reichsbeamtengesetz R. 10, 82
Reichseisenbahngesetzgebung R. 35, 66.
Reichserbschaftssteuer R. 77.
Reichsfinanzgesetze S. 24.
Reichsgewerbeordnung R. 6, S. 23.
Reichsgrundbuchordn. R. 42.
Reichs-Justizgesetze S. 23, R. 11, 12, 13.
— —, Ausführungsgesetz dazu S. 23, 24.
Reichskassenscheine R. 9.
Reichsmilitärgesetz R. 84.
Reichspreßgesetz R. 53.
Reichsschuldbuch P. 30.
Reichsseuchengesetz R. 9, 56.
Reichsstempelgesetz R. 18.
Reichsviehseuchenges. R. 103.
Reichsverfassung R. 1.
Rentengutsgesetze P. 33.
Rinderpest R. 9.

Saccharingesetz R. 9, 54.
Schadensersatz an unschuldig Verhaftete u. Verurteilte R. 73.
Scheckgesetz R. 85.
Schlachthäuser P. 34.
Schlachtviehgesetz R. 9, 54, 68.
Schonzeit des Wildes P. 34.
Schuldverschreibungsgesetz R. 52.
Schulunterhaltungsges. P. 39.
Schutzgebietsgesetz R. 75, 97, 105.
Schutztruppe, Strafverfahren R. 3, Pension R. 79.
Schwängerung, außereheliche R. 58, P. 5.
Seegesetzgebung R. 19.
Seerecht vide HGB. Text.
See-Unfallversicherungsgesetz R. 57.

FSC
www.fsc.org
MIX
Papier | Fördert gute Waldnutzung
FSC® C083411

Kolibri 360 GmbH
Ferdinand-Jühlke-Straße 7
99095 Erfurt, Deutschland
produktsicherheit@kolibri360.de